shah rukh khan

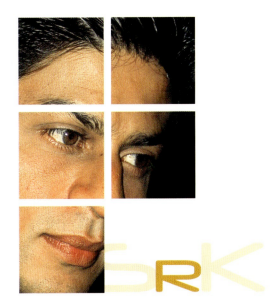

BOLLYWOOD MEGASTAR

SUNIL MEHRA

Mit besonderem Dank an Biswadeep Ghosh

Aus dem Englischen von Antje Görnig

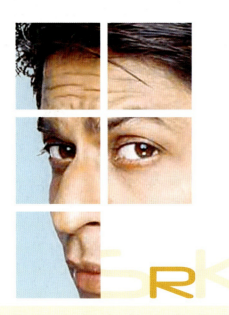

»Filme machen ist für mich das einzige Mittel, meine Traurigkeit zu überwinden. Das Einzige, was mich daran hindert, depressiv zu werden, ist, morgens aufzustehen, in die Maske zu gehen und jemand anders zu sein.«

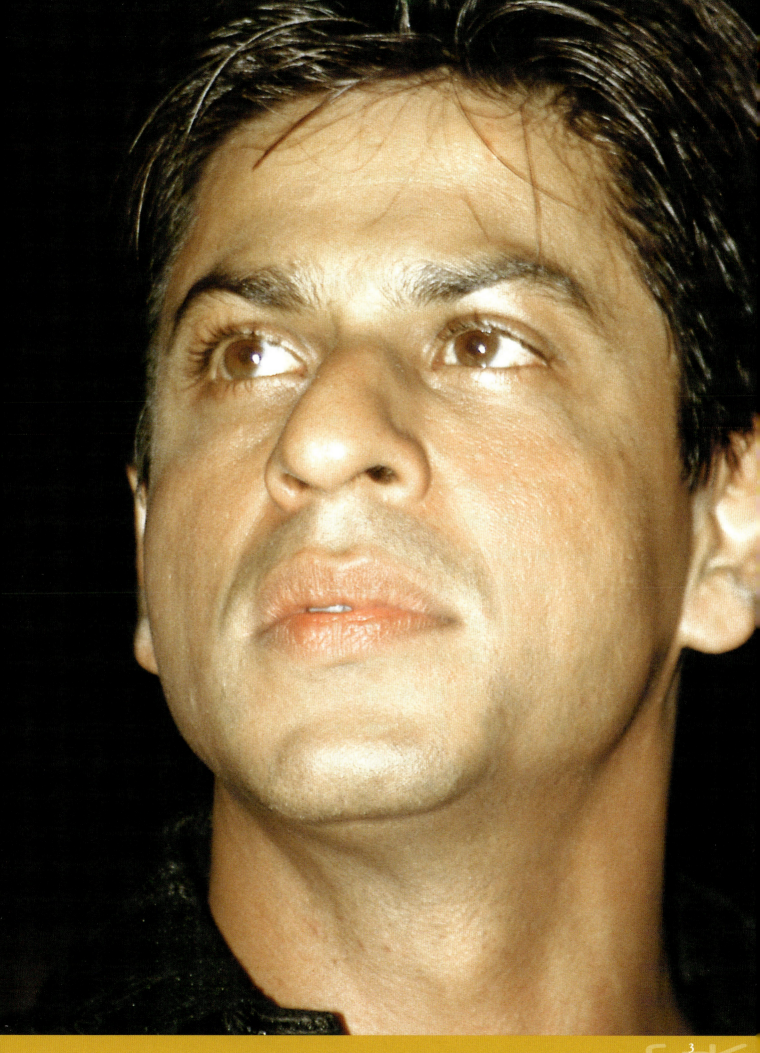

»Ich stamme aus Delhi, und als ich meine Eltern verlor, kam ich nach Bombay. Ich wusste nicht, ob ich Schauspieler werden würde. Ich wusste nicht, was geschehen würde, als mein erster Film herauskam. Würde ich als Schauspieler bestehen, würde ich hier leben können? Ich musste heiraten, ich musste mich um meine Schwester kümmern, und weil ich ganz auf mich selbst gestellt war, wurde ich so wütend auf diese Stadt, dass ich am liebsten geheult hätte. Ich weiß noch, wie ich vor dem Oberoi-Hotel saß und mir wünschte, dass mir die Stadt eines Tages gehört ... Zehn Jahre vergingen, und nun gehöre ich der Stadt.«

Er kam ... Er spielte ... Er siegte

King Khan. Baadshah von Bollywood.
Er ist ein Mann mit vielen Namen, dieser unvergleichliche Shah Rukh Khan, der aussieht wie der nette Junge von nebenan; dieser Schauspieler mit dem verschmitzten Blick, dem strahlenden Lächeln, dem ganz speziellen Schauspielstil und dem unvergleichlichen Temperament ... Das ist wohl der Hauptgrund, warum er sich so deutlich von den anderen Schauspielern seiner Generation abhebt.

Mit Dilip Kumar

Mit Gattin Gauri und Dilip Kumar

Obwohl er recht klein und hager war, seine Frisur nicht perfekt war und ihm das charakteristische gute Aussehen klassischer Bollywood-Superstars fehlte, war von Anfang an klar, dass er die Geschichte des indischen Films maßgeblich beeinflussen würde.

Wenn man sich die vergangenen zwei Jahrzehnte der indischen Kinogeschichte ansieht, versteht man sofort, warum Shah Rukh Khan eine solche Riesensensation in Bollywood ist. Die pure Energie, die in seinen ersten Filmen, wie z. B. *Deewana*, spürbar wurde, versprüht er auch heute noch in jeder Rolle. Begonnen hat seine Karriere mit der Fernsehserie *Fauji* (seine Figur Abhimanyu war ungeheuer beliebt). Nachdem er bereits erste Erfahrungen in Bombay gesammelt hatte, kamen die Filme *Baazigar* und *Darr*.

Mit Amitabh Bachchan

Mit Amitabh und Jaya Bachchan

Obwohl er damals noch ein erst aufgehender Stern am Filmhimmel war, schreckte er nicht vor der Darstellung von Antihelden zurück. Die beiden Filme präsentierten der Welt einen mutigen, innovativen und extrem begabten Star, der keine Angst davor hatte, neue Wege zu beschreiten, während andere lieber auf Nummer Sicher gingen. Shah Rukhs Experimentierfreude und sein daraus resultierender Erfolg haben Bollywoods Filmgeschichte entscheidend geprägt.

Mit Kamal Hassan in Hey! Ram

Baazigar

Dilwale Dulhaniya Le Jayenge

Mit dem Liebesdrama *Dilwale Dulhaniya Le Jayenge* von Aditya Chopra (1995) gelang Shah Rukh Khan der Durchbruch an die Spitze. Zum ersten Mal gab er den romantischen Helden und spielte die Rolle des Geliebten mit erstaunlicher Leichtigkeit. Der Film war ein Riesenerfolg und signalisierte der Branche, dass ein talentierter Schauspieler gefunden war, der sich als Hauptdarsteller für viele weitere Filme dieser Art eignete.

Asoka

Devdas

Darr

Mit einem Kopf voller Träume und als Verehrer von Filmstars wie Dilip Kumar, Amitabh Bachchan und Kamal Hassan, kam er wie viele andere nach Bombay. Shah Rukh Khan hat sicherlich viel mehr erreicht, als er sich je zu erträumen gewagt hatte. Der große Sprachjongleur glaubt, dass er ganz einfach Glück gehabt und es bis an die Spitze geschafft hat, weil sein Timing so hervorragend war.

Daran mag etwas Wahres sein, aber gutes Timing allein kann nicht der Grund für seine einzigartige Erfolgsstory sein. Shah Rukh Khan ist nämlich nicht nur ein großartiger Schauspieler, ihm gelingt es obendrein, sich als Superstar dauerhaft an der Spitze zu halten, obwohl er mit Flops wie *Asoka* und Erfolgen wie *Devdas* hohe Risiken einging. Sicher, er wurde oft dafür kritisiert, dass er nur noch mit anerkannten Größen arbeitete, nachdem er einmal auf dem Gipfel des Ruhms angelangt war. Aber niemand käme auf die Idee, sein immenses Talent in Frage zu stellen, und er wird sich gewiss wie jeder andere in der Branche darüber im Klaren sein, was für eine enorme Begabung er hat.

Im Schoß der Familie

»Am 2. November 1965 geschah in der Talwar-Entbindungsklinik in Neu-Delhi etwas ziemlich Alltägliches: Wie viele andere Neugeborene kam ich mit der Nabelschnur um den Hals zur Welt. Eine Krankenschwester sagte, Hanuman habe mich gesegnet und ich sei ein wahres Glückskind. Ich weiß nicht, ob ich das glauben soll, aber es ist das Einzige, was mir meine Eltern über meine Geburt erzählt haben, an das ich mich erinnern kann.«

Am 2. November 1965 erblickte der Sohn von Mir Taj Muhammad und Lateef Fatima in Neu-Delhi das Licht der Welt. Für die Familie, die in dem Mittelstandsviertel Rajinder Nagar lebte, ein Anlass zu großer Freude. Entsprechend wurde die Geburt des Babys gefeiert. Der Junge, der den Namen Shah Rukh (»Fürstliches Gesicht«) erhielt, war sechs Jahre jünger als seine Schwester Shenaz. Mit ihren beiden Kindern waren die Khans der Inbegriff einer glücklichen Familie.

Shah Rukhs Vater war ein gut aussehender und gebildeter Mann. Der

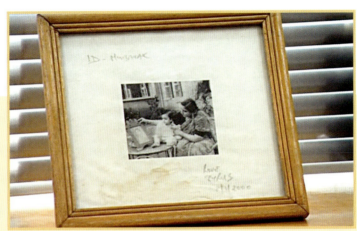

Shah Rukh als Baby mit seiner Mutter

Fotos aus Kindheitstagen

attraktive Paschtune mit dem braunen Haar und den grauen Augen war 1,90 Meter groß, hatte seinen Magisterabschluss gemacht und besaß zudem einen Abschluss in Jura. Er war das Vorbild des kleinen Shah Rukh und sprach sechs Sprachen fließend: Persisch, Sanskrit, Paschtu, Pandschabi, Hindi und Englisch. Shah Rukhs Vater, ein fleißiger Mann, der einst zu Fuß von Peshawar, seiner Heimatstadt in Pakistan, nach Indien gekommen war, wollte jedoch keinen juristischen Beruf ausüben: Er glaubte, als Anwalt habe man vor allem die Aufgabe, möglichst viele Prozesse zu gewinnen, auch dann, wenn man dadurch viele Unwahrheiten verbreiten musste. Als prinzipientreuer Idealist konnte er sich mit dieser Vorstellung nicht anfreunden.

Fatima, die Mutter des Schauspielers, war nicht nur als Friedensrichterin, sondern auch als Sozialarbeiterin tätig. Sie war eine höchst charismatische Frau, die Shah Rukh immer wieder als den wichtigsten Menschen in seinem Leben bezeichnet. Das außergewöhnliche Elternpaar schenkte dem Jungen eine Kindheit, die man zumindest als sehr bemerkenswert bezeichnen kann.

Als Shah Rukh geboren wurde, war es um die Finanzen der Familie nicht gerade gut bestellt. Aber bei der Erziehung der Kinder wurde an nichts gespart. Shenaz war die Verwöhntere von beiden, was der Schauspieler sich stets damit erklärte, dass sie die Erstgeborene war.

Seine Schwester Shenaz

»*Meine Schwester Shenaz ist sehr naiv und süß. Außerdem ist sie ausgesprochen verwöhnt. Ich liebe sie sehr. Ich wuchs in ihrem Schatten auf, da sie das ältere Kind im Haus war, und ich sah immer zu ihr auf. Als meine Eltern starben, wurde sie ein sehr stiller Mensch. Sie wohnt bei mir. Sie ist eine gebildete Frau. Sie hat einen Managementkurs absolviert und im* Indira Gandhi Memorial Museum *gearbeitet. Außerdem hat sie einen Abschluss in Psychologie.*«

»Ich bin ein großer Star, dabei habe ich eine solche Position gar nicht verdient. Das verdanke ich alles meinen Eltern. Dad war nicht so ehrgeizig, also kommt es wohl von meiner Mutter. Bei jedem fröhlichen Fest werde ich traurig, weil ich mir wünsche, meine Mutter wäre noch bei uns. Ich wünschte wirklich, sie könnte heute hier sein.«

Gleichzeitig tendierten die Eltern dazu, die Sprösslinge eher wie Freunde statt wie ihre Kinder zu behandeln.

Es war der Vater, der Shah Rukh schon frühzeitig beibrachte, wie man mit Problemen umgeht. Als er gerade einmal vier Jahre alt war, traf Shah Rukh versehentlich einen Nachbarjungen mit einem Stein. Der Junge hatte mehrere abgebrochene Zähne. Am Abend kam dessen Vater betrunken und mit einem Messer bewaffnet zu den Khans. Shah Rukhs Vater öffnete gelassen die Tür, und als der Nachbar damit drohte, seinen Sohn für das, was er angerichtet hatte, zu töten, fragte er Shah Rukh, ob er diese Dummheit wirklich begangen habe. Als sein Sohn es zugab, verlangte er von ihm, hinauszugehen und mit dem betrunkenen und obendrein bewaffneten Nachbarn zu reden. Shah Rukh musste sich für seine Tat entschuldigen. Diese Lektion, dass nämlich jeder für seine Taten selbst einstehen und Verantwortung übernehmen muss, hat er bis heute nicht vergessen. Und er verdankt sie seinem Vater, der 1981 verstarb.

Mit seinem Sohn Aryan

Shah Rukh am Grab seiner Eltern

»Ich will bei meinem Sohn alles besser machen. Meine Eltern sind zu früh gestorben, sie haben mich allein gelassen. Aber ich werde für meinen Sohn immer da sein.«

Mit seinem Sohn Aryan bei einer Schulfeier

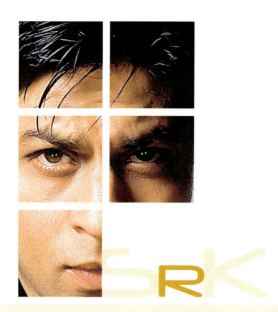

Lehr-jahre

»Wir bekamen schwarze und goldene Sterne für Betragen und die Ergebnisse der Klassenarbeiten. Wer fünf schwarze Sterne hatte, wurde von Mrs. Bala übers Knie gelegt und bekam drei Schläge. Da ich ziemlich ungezogen war, bekam ich häufig Schläge. Rückblickend wird einem klar, dass das, was man als Bestrafung empfand, eigentlich recht vergnüglich war.«

Im Gegensatz zu vielen anderen seiner Generation wurde Shah Rukh Khan eine höchst beneidenswerte Schulbildung zuteil. Nach seiner Kindergartenzeit besuchte er die *St. Columba's School*, eine der renommiertesten Schulen Indiens. Mit seinem Talent und seiner Freude am Tun war Shah Rukh eine beeindruckende Erscheinung – selbst dort, wo die Klassenkameraden aus wohlhabenderen Familien unter sehr guten Bedingungen aufwuchsen.

Shah Rukhs pensionierte Lehrerin Seetha Venkateswaran erinnert sich auch nach über 15 Jahren noch an ihren Schüler als einen »fröhlichen Schlingel, der die anderen gern mit seinen Streichen

Kuch Kuch Hota Hai

und Imitationen zum Lachen brachte«. »Komischerweise«, so erzählt sie, »habe ich meinen späteren Schülern Shah Rukh Khan, noch bevor er als Schauspieler bekannt wurde, immer als musterhaften Schüler beschrieben. Er hatte viele Begabungen und war zugleich ein wundervoller Mensch, was eine seltene Kombination ist.«

Shah Rukh ging noch zur Schule, als er seinen Vater verlor. Es war eine schwierige Zeit für die Khans. Das Familienoberhaupt erkrankte an

»Für mich ist das Leben wie ein Buch. Und die Menschen, die ich liebe, sind wie die Rosenblätter, die ich darin aufbewahre. Jedes Mal, wenn ich eine Seite meines Lebens umblättere, finde ich ein Rosenblatt, das herrliche Erinnerungen in mir weckt.«

Krebs, und die letzten acht Monate seines Lebens waren in emotionaler wie auch in finanzieller Hinsicht äußerst zermürbend. Im Endstadium kostete jede seiner Injektionen 5.000 Rupien – vor über zwei Jahrzehnten ein gewaltiger Betrag –, und die Familie hatte Mühe, das Geld für die 23 Behandlungen aufzubringen. Dass sein Ende nahte, wussten alle, und dieses Wissen machte es der Familie noch schwerer, seinem Leiden zusehen zu müssen.

Der Junge war verzweifelt. Doch was seinen Schmerz ein wenig zu lindern vermochte, waren die Stärke und Entschlossenheit seiner Mutter, die sich mit größter Beherrschung um die Angelegenheiten ihres Mannes kümmerte.

Als Shah Rukh aufs College ging, wurde einiges anders. Bereits in der Schulzeit entwickelte er ein Charisma, das an die Figur, die er später in Karan Johars Debütfilm *Kuch Kuch Hota Hai* spielte, erinnerte: ein lebhafter, liebenswerter Schelm, der nicht nur im Sport brillierte, sondern auch in wissenschaftlichen Fächern und beim Theaterspielen. Im echten Leben am College glänzte er jedoch eher durch Abwesenheit, auch wenn er nie seine wichtigste Eigenschaft verlor: Er führte immer etwas im Schilde. Shah Rukh studierte von 1985 bis 1988 Wirtschaftswissenschaften am *Hans Raj College*, der Universität von Delhi.

Nach dem Abschluss ging Shah Rukh

»*Nur nicht negativ sein! Das spiegelt sich in deinem Gesicht!*«

Kuch Kuch Hota Hai

zum *Mass Communications Research Centre* der Jamia-Milia-Islamia-Universität, um dort seinen Magister in Filmwissenschaft und Journalismus zu machen. Es mag manch einen überraschen, dass er schon damals ein Faible für Werbefilme hatte (das ihm bis heute erhalten blieb). Außerdem interessierte er sich für viele andere kreative Bereiche wie Fernsehen und Theater. Seine zahlreichen Fehlstunden wurden schließlich zu einem ernsten Problem: Der stellvertretende Direktor rief

»Häufig grüße ich Leute nicht, weil ich befürchte, sie könnten sich nicht an mich erinnern.«

Kuch Kuch Hota Hai

Shah Rukh beim Besuch seiner alten Schule St. Columba's

ihn zu sich und sagte ihm, sein Erscheinen bei der Abschlussprüfung sei nicht erwünscht. Shah Rukh war enttäuscht, weil er geglaubt hatte, mit einer zusätzlichen Hausarbeit seine häufige Abwesenheit wettmachen zu können. Er verließ die Einrichtung mit dem Vorsatz, nur dann zurückzukehren, wenn man ihn einladen würde, eine Vorlesung über die Kunst des Filmemachens zu halten.

Als Filmemacher hat er sich bisher noch nicht versucht, zumindest hat er noch nie Regie geführt. Aber wer hätte seinerzeit, als er noch in Serien wie *Dil Dariya* spielte, gedacht, dass er es jemals zu dem bringen würde, der er heute ist? Niemand. Nicht einmal Shah Rukh Khan selbst!

»Wenn ich tatsächlich ein Vorbild bin, dann bin ich das schlechteste der Welt.«

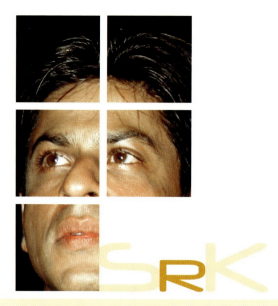

SRK

Eheglück und Familie

»Manchmal, wenn Gauri weg ist, empfinde ich eine einzige Leere. Ohne Gauri gibt es kein Leben, kein Haus, kein Star-Dasein, kein Kind, kein Glück, keine Gesellschaft. Ich kann aber auch nicht sagen, sie sei so etwas wie meine Stütze ... Ich kann das Glück nicht beschreiben, das ich verspüre, wenn sie bei mir ist. Dann ist alles wunderbar.«

Shah Rukhs Lebensgeschichte wäre nicht vollständig, wenn man seine Liebe zu Gauri Chhiba nicht erwähnen würde, der Tochter des pensionierten Majors Ramesh Chhiba, eines strengen Vegetariers und Hindu-Brahmanen, der sogar einen Tempel in seinem Haus hatte. Shah Rukh wuchs als Moslem in Indien auf, einem Land, in dem Religions-, Kasten- und Familienzugehörigkeit eine wesentliche Rolle bei der Eheschließung spielen. Die Ehe zwischen Mitgliedern unterschiedlicher Kasten ist heute noch ein Tabu, und auch Hochzeiten zwischen Angehörigen verschiedener Religionen sind schwierig. Shah

Der Knoten wird geknüpft – das Ja-Wort
Das perfekte Paar: Shah Rukh und Gauri

Die stolzen Eltern bei einer Schulveranstaltung ihres Sohnes Aryan

Rukhs Vermählung mit Gauri, die er 1984 kennenlernte, war noch im Jahr 1991 ein äußerst schwieriges Unterfangen.

Die Beziehung der beiden wurde verständlicherweise geheimgehalten, denn Gauris Eltern hätten sie nicht akzeptiert. So schien es jedenfalls sechs lange Jahre, in denen die beiden sich heimlich trafen.

»Wir kannten uns schon seit acht Jahren. Also war irgendwie klar, dass wir heiraten würden. Ich weiß nur noch, dass ich ihr sagte: ›Ich liebe dich.‹ Ich bin nicht mal richtig mit ihr gegangen, wie man das normalerweise tut. Sie ist die einzige Frau, mit der ich jemals etwas angefangen habe. Ich habe sie vor der Haustür abgesetzt und ihr einfach gesagt, dass ich sie heiraten will. Und ohne ihre Antwort abzuwarten, bin ich sofort davongebraust.«

»Ich bin ein absoluter Familienmensch. Ich bringe meine Kinder jeden Tag zur Schule, und wenn ich kochen könnte, würde ich ihnen auch noch das Essen machen. Ich finde es sehr männlich, dass ich mich um meine Kinder kümmere.«

»Gauri lehrt mich, diplomatisch zu sein. Sie hat mir beigebracht, vor dem Zubettgehen das Licht auszuschalten, das Abendessen an anständigen Orten einzunehmen, meine Klamotten ordentlich wegzuräumen, und sie hat mir auch gezeigt, wie man sich vernünftig anzieht. Sie hat im Grunde erst einen richtigen Menschen aus mir gemacht. Sie verwöhnt mich sehr. Sie ist der ruhende Pol in meinem Leben. Sie mag mich, weil ich sie zum Lachen bringe. Und, oh Mann, das tue ich wirklich ....«

Es stand von vornherein fest, dass Gauri als jüngstes Mitglied einer 15-köpfigen Großfamilie aus Punjab jemanden aus dem Umfeld der Familie heiraten würde. Shah Rukh war jedoch bereit, alles zu tun, um sie an seiner Seite zu haben. Wie man sich erzählt, hat er sich sogar einmal bei einer Geburtstagsparty seiner Freundin als Abhimanyu ausgegeben. Abhimanyu? Eine Figur mit diesem Namen spielte Shah Rukh in der Fernsehserie *Fauji*, bei der der ehemalige Oberstleutnant Rai Kapoor Regie führte und die sich um das Leben in der Armee dreht. Shah Rukhs Figur war sehr beliebt, und die Leute sagten sogar, er habe ein bisschen wie der Bollywood-Veteran Dilip Kumar ausgesehen, als er seinerzeit zu Gauris Geburtstagsparty erschien.

»Wenn ich mal als Vater oder Ehemann versage, tun ein Spielzeug und ein Diamant immer ihre Wirkung.«

Die Beziehung der beiden stieß bei Gauris Eltern auf Widerstand. Sie waren einfache Leute, die sich an die gesellschaftlichen Normen Indiens hielten und die Traditionen nicht in Frage stellten, weshalb ihnen ein Schwiegersohn, der einer anderen Religion angehörte, niemals in den Sinn gekommen wäre. Aber der Heiratsvorsatz des Paares musste eines Tages ans Licht kommen: 1991 bestellten die beiden das Aufgebot für eine Zivilehe, woraufhin ihre Namen, wie es das indische Recht verlangt, für die Dauer eines Monats bei Gericht ausgehängt wurden.

Heute ist Shah Rukh Khan stolzer Vater zweier Kinder. Sein Sohn Aryan wurde am 13. November 1997 geboren, seine Tochter Suhana am 23. Mai 2000. Nicht streng gläubig erzogen, wurden beide Sprösslinge gelehrt, die Koexistenz von Ganescha und Allah im Haus der Khans zu achten. Wie gut die Pflege der kulturellen und religiösen Werte fruchtete, die den beiden mitgegeben wurden, zeigte sich, als Shah Rukh sich einer schwierigen Halsoperation unterziehen musste.

»Unsere Beziehung basiert nicht darauf, wie viel wir füreinander getan haben. Wenn Gauri Opfer bringen oder sich anpassen musste, so hat sie es mir gegenüber nie erwähnt. Hätte sie es mir gesagt, wäre aus dem Opfer eine Verbindlichkeit geworden. Dann könnte ich wieder und wieder darüber lamentieren, wie sehr ich Gauri doch liebe – aber all das haben wir hinter uns.«

»Ich habe zwei Tage im Krankenhaus verbracht, um bei der Geburt unseres zweiten Kindes in Gauris Nähe zu sein. Aryan hatte ich bei Juhi gelassen. Auf meinem Handy erreichten mich immer wieder verzweifelte Anrufe, in denen mir berichtet wurde, wie Aryan Juhis Personal und die Familienmitglieder schockierte, indem er splitternackt durchs Haus rannte und ›Seht her! Ich bin Tarzan!‹ rief. Auf diese Weise macht er am liebsten auf sich aufmerksam – und er braucht ständig ungeteilte Aufmerksamkeit. Ich denke, aus ihm wird mal ein Schauspieler.«

Aryan ging in den Tempel und sprach ein islamisches Gebet, um seinem Vater zu einer schnellen Genesung zu verhelfen.

Einer der Gründe, warum Shah Rukh Khan sein prachtvolles Haus *Mannat* kaufte, war der Wunsch, einen separaten Gebetsraum zu haben. Heute feiern die vier das hinduistische Lichterfest *Diwali* und das ebenso wichtige islamische Opferfest *Id ul-Adha* mit der gleichen Hingabe und Begeisterung. Dem Schauspieler ist allerdings nicht

»Anfangs hatte ich Angst, Suhana in die Arme zu nehmen. Sie war so zerbrechlich, im Gegensatz zu Aryan. Mit ihm konnte ich herumtollen, ihn in die Luft werfen, aber mit Suhana war das anders; sie ist ein Mädchen. Sehr ruhig und lieb, aber ich könnte mir vorstellen, dass sie später, wenn sie groß ist, sehr frech sein wird.«

wohl dabei, dass seine Kinder bei dem islamischen Fest dem Ziegenopfer beiwohnen, denn er ist ein überzeugter Anhänger der Philosophie, dass allen wehrlosen Geschöpfen kein Schaden zugefügt werden sollte.

Angesichts solcher Gedanken möchte man Shah Rukh Khan vielleicht eine kindliche Arglosigkeit zuschreiben, aber wenn man es recht bedenkt, kommt hier vielmehr die Reife eines sensiblen Erwachsenen zum Tragen – einer seiner Vorzüge, den auch seine Fans erleben können, wenn sie ihn auf der Leinwand bewundern.

Beim Holi, dem Hindu-Festival der Farbe

»Eine der schwierigsten Aufgaben meines Lebens war der Kauf dieses Hauses. Ich hatte keins, weil meine Eltern gestorben sind. Ich habe einen Haus-Tick, ich wollte immer ein Haus! Als dann die Kinder kamen, habe ich dieses hier gekauft.«

Mannat

»Mein Zuhause ist da, wo Gauri und die Kinder sind ...«

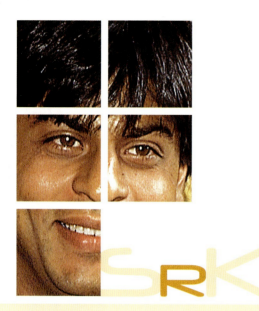

SRK

Über Nacht berühmt

»Ich würde sterben, wenn die Leute mich nicht erkennen würden. Ich könnte gar nicht über die Straße gehen, wenn die Leute mich nicht belagern würden. Dafür arbeite ich doch.«

Dass Shah Rukh Khan die Schauspielerei im Blut lag, zeigte sich bereits, als er noch zur Schule ging, aber er brauchte einen Meister wie Barry John, der ihm den letzten Schliff gab, bevor er seinen Wohnsitz wechselte und nach Bombay ging.

Schon in seinen Jugendjahren fasste Shah Rukh Khan das Ziel ins Auge, als Schauspieler seinen Lebensunterhalt zu verdienen. Um seinen Traum zu verwirklichen, spielte er unter anderem in Serien wie *Circus, Fauji* und *Dil Dariya*. Die Dreharbeiten für *Circus* genoss er sehr, denn sie ermöglichten es ihm, ganz Maharashtra und Goa zu bereisen und das Zirkusleben aus nächster Nähe kennenzulernen. Gedreht wurde jeweils zwischen den Vorstellungen, und Shah Rukh bekam häufig ungewohnte, mitunter haarsträubende Dinge zu sehen, zum Beispiel wie sich Kinder beim Proben schwieriger Kunst-

»Ich bin der glücklichste Mensch der Welt und ich will mich nicht vor den Leuten verstecken, für die ich spiele. Daher umgebe ich mich nicht mit Bodyguards, und ich habe mich noch nie in einem Interview darüber beklagt, dass ich nicht einkaufen oder zum Bhelpuri essen an den Chowpatty-Beach gehen kann, ohne von Fans belagert zu werden. Ich bin nicht der Typ, der nur mit Sonnenbrille auf die Straße geht (ehrlich gesagt denke ich nicht, dass ich berühmt genug bin, um mich dahinter verstecken zu müssen). Ich gehe ins Kino, ich gehe mit meiner Familie und Freunden ins Restaurant, obwohl ich weiß, dass die Leute dort über mich herfallen.«

Mit seinem Freund, dem Regisseur Karan Johar

Mit den Kollegen von Dreamz Unlimited, *Juhi Chawla und Aziz Mirza*

Mit Ramesh Sippy

stücke die Knochen brachen. Andere Begegnungen – wie die mit den Wärtern, die beim Bändigen wilder Zirkustiere Arme oder Beine verloren hatten – waren ebenso aufwühlend. Tagtäglich sah er Leuten bei sehr gefährlichen Stunts zu, und das rüstete ihn für die Herausforderungen, die ihn bei der Eroberung des Filmgeschäfts erwarteten.

Die Serie jedoch, die ihn landesweit bekannt machte, war *Fauji*. Regie führte Rai Kapoor, der bei den Dreharbeiten zufällig von Shah Rukhs Beziehung zu Gauri erfuhr. Shah Rukh ging damals noch aufs College und hatte großen Spaß daran, in einer Serie mitzuwirken, die sich auf ungewohnte Weise mit dem Militär befasste. In *Fauji* ging es nicht um Krieg und Kriegsführung. Ganz im Gegenteil: Die Serie schilderte das all-

»Ich bin nur selbstbewusst, wenn ich jemand anderen spiele.«

Mit Rani Mukherjee bei einer Preisverleihung

Mit Yash Chopra

tägliche Leben einer Gruppe von Soldaten, was junge Männer aus dem ganzen Land dazu animierte, zum Militär zu gehen. Mit dieser Serie wurde Shah Rukh Khan (in der Rolle des Abhimanyu) über Nacht berühmt. Obendrein profitierte er von den vielen nützlichen Ratschlägen in Sachen körperliche Fitness, die er von Polizisten und Soldaten bekam. Nachdem *Fauji* landesweit ein großer Erfolg wurde, bekam der Schauspieler erste Angebote für Rollen in Kinofilmen.

An die Anfänge von Shah Rukh Khans Filmkarriere erinnert sich Regisseur Kundan Shah, der den Schauspieler seit den Dreharbeiten zu der Serie *Circus* kennt: »Er war am Set und sollte gerade die allererste Szene für *Deewana* machen, den Film, mit dem er wirklich berühmt wurde. Da ging ich auf ihn

Mit B. R. Chopra

»Gutes tun ist die einzige Religion.«

Mit Farah Khan, einer Freundin und Kollegin

Mit Abbas und Mastan, den Regisseuren von Baazigar

Mit Ratan Jain und Anu Mallik

zu und gab ihm einen Brief, in dem stand, dass mein Produzent seine Unterschrift unter dem Vertrag für *Kabhi Haan Kabhi Naa* haben wollte. Shah Rukh nahm das Schreiben an sich, setzte sich auf den Boden, glättete das Papier auf seinem Oberschenkel und unterschrieb.

Damals war bereits die Rede davon, dass er es einmal weit bringen würde, aber dennoch akzeptierte Shah Rukh das magere Antrittsgeld von 5.000 Rupien (etwa 100 $) und machte den ganzen Film für eine Gage von 25.000 Rupien (knapp 500 $).«

Als der Film fertig war, zweifelte niemand mehr daran, dass die Entscheidung des Schauspielers weise gewesen war. Denn *Kabhi Haan Kabhi Naa* erwies sich als Klassiker, der einen bleibenden Eindruck beim Publikum hinterließ. In der Rolle eines tempe-

»Ich bin sehr schüchtern. Wenn ich mit British Airways fliege und die Flugbegleiterin mich etwas fragt und ich ihren Akzent nicht verstehe, werde ich den ganzen Flug über hungern.«

Mit Dilip Kumar und Saira Banu

Mit Army-Kollegin Sridevi

Mit Amitabh Bachchan

Mit Mehmood und Jeetendra

Mit Hollywood-Star Goldie Hawn, Industriellengattin Parmeshwar Godrej und Filmemacher Yash Johar

ramentvollen Burschen, der bis über beide Ohren in ein Mädchen verliebt ist, seine Gefühle jedoch nicht ausdrücken kann, setzte Shah Rukh ein Zeichen.

Jahre nach diesem großen Erfolg ist Kundan Shah aber auch der Ansicht, dass der Schauspieler sein Potenzial bisher immer noch nicht ganz ausgeschöpft hat. »Ich habe einfach das Gefühl, dass er mit seinem Talent noch bedeutendere Filme hätte machen können.« Dann setzt er jedoch nach: »Allerdings hat er wahnsinnig erfolgreiche Filme gemacht, und das zählt schließlich auch.«

Hoffen wir, dass uns Shah Rukh Khan noch sehr lange erhalten bleibt und seine Karriere mit weiteren Erfolgen krönt.

Mit Mahesh Bhatt am Set von Chaahat

Mit Bharat Shah und Sanjay Leela Bansali

Bei den Dreharbeiten für Baadshah

Mit Subhash Ghai beim Dreh für Pardes

Mit Altstar Dev Anand

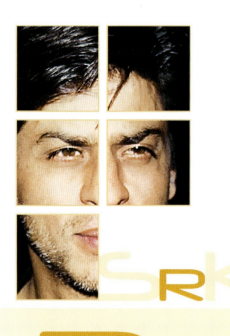

SRK
Beginn der Karriere

»Ich kann meinen Fans gar nicht vergelten, was sie für mich getan haben. Sie haben mir so viel Liebe gegeben, und diese Liebe hat mich zu meiner heutigen Spitzenposition geführt. Das Einzige, was ich für meine Fans tun kann, ist, niemals mit der Arbeit aufzuhören und bis ans Ende meiner Tage Filme zu machen. Nur so kann ich meiner Zuneigung zu den Fans Ausdruck verleihen.«

In jungen Jahren war Shah Rukh Khan ein richtiger Wirbelwind. Inzwischen ist er zwar älter geworden, aber sein Temperament blieb ihm erhalten. Während er zwischen Dreharbeiten für Filme und Werbespots, seiner Produktionsfirma und Auftritten in Shows mit großem Staraufgebot hin- und herjagt, strahlt er auch heute noch die Schaffenskraft aus, die ihm schon zu Beginn seiner Karriere in Bollywood eigen war.

In einer Branche, in der sich Freundschaften nur schwer schließen und noch schwerer bewahren lassen, hatte Shah Rukh Khan das Glück, gleich zu Anfang dem Schauspieler und Produzenten Viveck Vaswani zu begegnen. Die beiden lernten sich unter wahrhaft ungewöhnlichen Umständen kennen und wurden im Handumdrehen Freunde. Viveck, der heute ein großer Produzent ist, erinnert sich: »Wir sind uns zum ersten Mal vor elf Jahren,

Mit seinem Freund, dem Produzenten Viveck Vaswani

genau eine Woche vor Weihnachten, begegnet. Ich trank Kaffee im *Bandra International Hotel*, und er saß am Nebentisch. Der Kellner kannte uns beide und stellte uns einander vor. Wir begrüßten uns, dann widmete sich jeder wieder seinem Kaffee ….«

Wie sein Freund verriet, war Shah Rukh zu Beginn seiner Karriere gar nicht so erpicht auf Kinofilme – er war zufrieden mit seinen Fernsehserien. Er vertraute Viveck viel Persönliches an, zum Beispiel sprach er mit ihm über die schwere Krankheit seiner Mutter, die ihm schon eine ganze Weile große Sorgen bereitete. Der Produzent erinnert sich: »Er hat mir von seiner Mutter erzählt, die sehr krank war. Er ging zurück nach Delhi, um sich um sie zu kümmern. Er bat mich sogar, in Bombay Medikamente für sie zu besorgen, was ich auch tat. Ich fand einen

Mit dem Regisseur Shekhar Kapur

»Ich schätze mich sehr glücklich, einen engen Freundeskreis zu haben, und diese Menschen stehen mir sehr nah. In meinem Leben kommen die Freunde gleich nach der Familie. Man begegnet zwar ständig vielen Leuten, aber man findet nur sehr wenige Freunde, und denen muss man treu sein – was hätte das Leben sonst für einen Sinn?«

Mit den Kollegen Aziz Mirza und Juhi Chawla von Dreamz Unlimited

Mit Juhi Chawla, einer guten Freundin und Kollegin

Mit Dharmendra und Hema Malini, der Poduzentin und Regisseurin von Dil Aashna Hai

Piloten, der das Päckchen auf seinem Flug mitnahm, aber da war es schon zu spät.« Shah Rukhs Mutter war bereits gestorben. Ihrem Sohn blieben nur die Erinnerung an ihre innere Stärke und eine unermessliche Trauer um die Frau, die stets mit gütigem Blick über ihn gewacht hatte.

Der Verlust seiner Mutter war ein schwerer Schlag für Shah Rukh, aber taff, wie er ist, rappelte er sich auf und beschloss, nach Bombay zurückzukehren. Viveck erinnert sich: »Eines Morgens gegen fünf Uhr klingelte Shah Rukh bei mir. Er war wieder da, und er sagte: ›Lass uns Filme machen!‹ Wir fingen an, uns im Café des Hotels *Taj President* zu treffen und an einem Drehbuch zu arbeiten. Ich fragte ihn, ob er schon einen Regisseur für den Film im Auge habe, und er erzählte mir von Aziz Mirza und dem guten Verhältnis, das er

Mit Satish Shan am Set von Yes Boss

»Ich denke immer, in mir steckt ein bisschen was von Napoleon. Auch wenn ich mich bemühe, kann ich nicht so selbstlos sein wie Mahatma Gandhi oder Mutter Teresa.«

Chamatkar

Deewana

Kabhi Haan Kabhi Naa

King Uncle

zu ihm habe. Als ich Aziz kennenlernte, wusste ich, dass niemand geeigneter für *Raju Ban Gaya Gentleman* war als er.«
Der Film hatte am 13. November 1992 Premiere und bekam gute Kritiken. Er war nicht sein erster Erfolg, denn wenige Monate zuvor hatte Shah Rukh Khan bereits mit Raj Kanwars *Deewana* auf sich aufmerksam gemacht. Als alter Freund hat Viveck natürlich einige Anekdoten auf Lager. »Ich weiß noch, wie wir uns kennenlernten«, sagt er. »Er hatte mich gefragt, ob ich seine Filme sehen wollte.« Es hat auch Zeiten gegeben, in denen er nicht an Gott glaubte. »Ich musste ihn regelrecht zur Haji-Ali-Moschee schleifen, damit er für seine Mutter betete. Inzwischen hat er sich in dieser Hinsicht verändert und ist ein gottesfürchtiger Mann geworden.«
Kurz nachdem die beiden sich kennenlernten, ging es richtig rund in Shah Rukhs Leben. Manche Dinge ergaben sich rein zufällig, und waren von Vorteil für ihn. Viveck war bei einem solchen Glücksfall dabei: »Einmal haben wir Rakesh Roshan auf einer Party getroffen, und er gab uns beiden eine Rolle in *King Uncle*.« Dann kam ein Anruf von der Produzentin Hema Malini. »Sie bot Shah Rukh eine Rolle in *Dil Aashna Hai* an, und obwohl er nicht sehr scharf auf den Film war, hat sie ihn doch derart beeindruckt, dass er den Vertrag unterschrieb.«

Filme wie *Dil Aashna Hai*, *King Uncle* und *Chamatkar*, bei dem Rajiv Mehra Regie führte, waren zwar keine Meilensteine in Shah Rukhs Karriere, aber sie bewirkten, dass Leute aus der ganzen Branche auf ihn aufmerksam wurden.

Mit Nana Patekar am Set von Chaahat

Mit dem Yes Boss-Kollegen Aditya Pancholi

Mit Aamir Khan und Gulshan Grover

Mit Abhishek Bachchan, Hrithik Roshan und Salman Khan

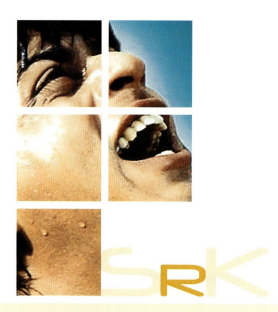

Der Bollywood Bösewicht

»Ich gehe lieber bei dem Versuch unter, außergewöhnlich zu sein, statt mich wie alle anderen nur über Wasser zu halten.«

Das Jahr 1993 markiert einen Wendepunkt in Shah Rukhs Leben. Mit einem Kassenschlager wie *Deewana* in der Tasche beschloss er, in zwei seiner größten Hits, die direkt aufeinander folgten, die Rolle des Antihelden zu übernehmen, wodurch er sich in Bollywood als feste, nicht zu unterschätzende Größe etablierte. *Baazigar* von Abbas und *Martan* sowie Yash Chopras *Darr* waren genau die Filme, die er brauchte, um auf unvergessliche Weise zu beeindrucken. Plötzlich sah sich manch ein Zyniker, der seine frühen Erfolge vielleicht noch ignoriert hatte, gezwungen, Shah Rukh als Schauspieler die verdiente Anerkennung zu zollen.

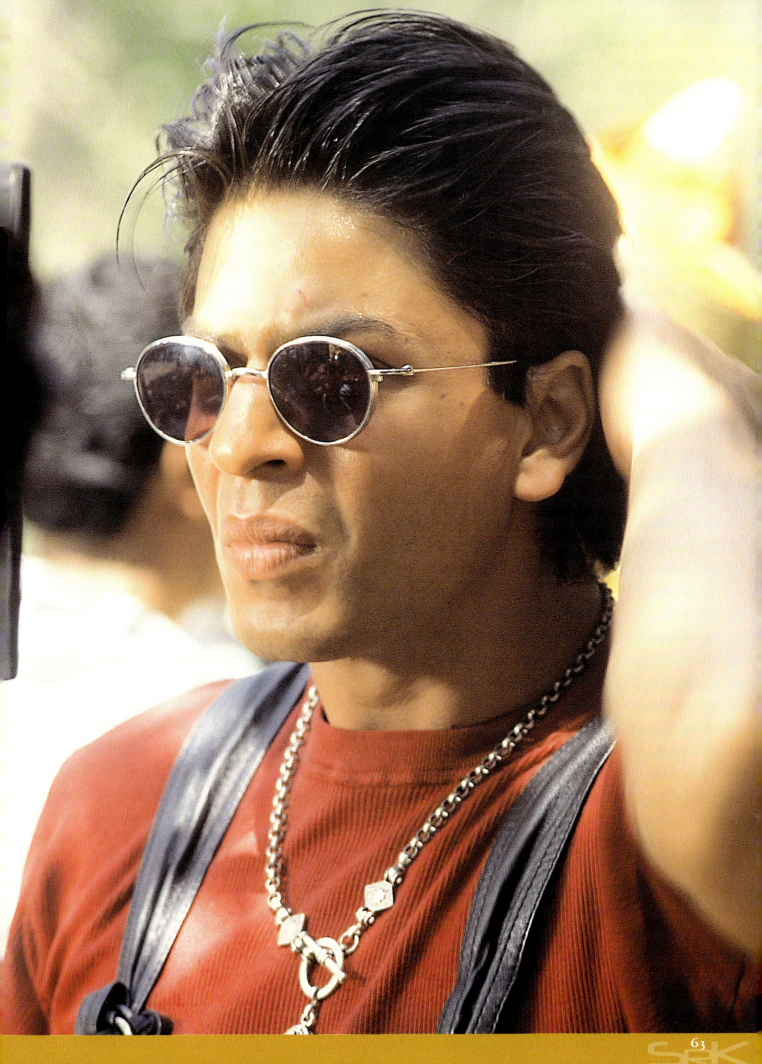

Umwerbung von Kajol in Baazigar

Machte der Schauspieler mit *Baazigar* bereits großen Eindruck, so gelang es ihm mit *Darr*, seine Position nachhaltig zu festigen. In der Rolle eines psychisch gestörten Liebhabers schaffte Shah Rukh Khan es erneut, alle anderen Darsteller an die Wand zu spielen. Heute mag man gar nicht glauben, dass Shah Rukh erst sehr spät für diese Rolle ausgewählt wurde. Ursprünglich hatte Yash Chopra vor, den Film mit Deepak Malhotra zu machen, doch als der gemeinsame Film *Lamhe* floppte, wollte er kein weiteres Risiko eingehen. Er beschloss, es mit einem sichereren Kandidaten zu versuchen, und bot Aamir Khan die Rolle an. Warum dieser die Rolle letztendlich nicht annahm, weiß man nicht genau.

Mit Chandrachur Singh in Josh

»Das Kino gehört in Indien genauso zum Leben wie das morgendliche Zähneputzen. Es führt kein Weg daran vorbei.«

Shah Rukh in Shakti

Man erzählt sich, dass eigentlich niemand scharf auf die Rolle des Antagonisten war, die Shah Rukh letztlich spielte.

Zu diesem Zeitpunkt hatte Shah Rukhs Erfolgsstory gerade erst begonnen. Es machte ihn zu einem ungewöhnlichen Star, dass er seine Jugendliebe heiratete, kurz nachdem er in Bollywood anfing, wo der Erfolg oftmals nicht vom Talent abhängig ist, sondern vom Familienstand. Zumindest was Gauri anging, wollte er jedoch niemandem etwas beweisen. Er galt bereits als Nonkonformist, weil er gleich zu Beginn seiner Karriere bereit war, die Rolle des Antihelden zu spielen, statt auf Num-

Mit den Josh-Kollegen Aishwarya Rai und Chandrachur Singh

mer Sicher zu gehen, indem er auf der Leinwand Schurken zu Brei schlug und Hauptdarstellerinnen umwarb.

Was Shah Rukh jedoch als Nächstes tat, war – im Nachhinein betrachtet – vielleicht nicht gerade seine weiseste Entscheidung. In Rahul Rawails Film *Anjaam* spielte er zum dritten Mal den Bösewicht. Die Kritiker verrissen den Film, und auch an den Kinokassen erwies er sich letztlich als absolute Katastrophe. Die Zeichen der Zeit waren eindeutig. Shah Rukh musste etwas ganz Neues machen, etwas Originelles, das die Leute noch nie gesehen hatten.

Shah Rukh als Max in Josh

Und dann kam *Karan Arjun*. Der Film, bei dem Rakesh Roshan Regie führte, beschäftigt sich mit dem Übernatürlichen und präsentiert einen weicheren, einen sanfteren Shah Rukh Khan. Er war ein absoluter Kassenschlager, wobei nicht unerwähnt bleiben darf, dass Salman Khan durch seine ähnlich wichtige Rolle einen ebenso großen Anteil am Erfolg des Films hat. So begann das Jahr 1995, ein Jahr, in dem Shah Rukhs Image in Bollywood eine tiefgreifende Veränderung erfuhr.

»Ich höre immer wieder, unsere Filme seien unrealistisch, aber ich finde, unsere Filme sind die realistischsten der Welt. Bei uns steigt niemand in eine Rakete und jagt im Alleingang einen Meteoriten in die Luft. Wir haben keinen Präsidenten in der Air Force One, der die ganze Welt rettet, und bei uns kommen auch keine merkwürdigen Dinge aus den Bäuchen von Menschen heraus. Unsere Fantasien sind durchaus real. Bei uns singen und tanzen die Leute einfach auf den Straßen. Wenn England die Weltmeisterschaft gewonnen hätte, wären die Menschen dort ähnlich ausgelassen gewesen.«

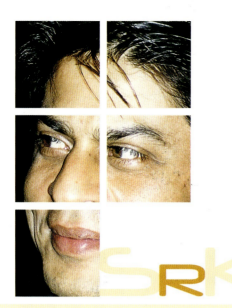

SRK
Der unumstrittene »King Khan«

»Ich habe keine Konkurrenz. Die Leute, mit denen ich mich messen muss, sind jedes Jahr andere. Man kann die Konkurrenten nicht besiegen, man muss sie vernichten.«

Im Jahr 1995, das mit *Karan Arjun* begann, gab es auch enttäuschende Filme wie *Ram Jaane*, *Zamana Deewana* und *Guddu*. Es war aber auch das Jahr, das aufgrund von Shah Rukhs Imagewechsel in bester Erinnerung blieb, denn es handelte sich nicht um eine subtile Veränderung, sondern um eine extreme Verwandlung. Sie setzte mit *Dilwale Dulhaniya La Jayenge* ein, einem heiteren Liebesfilm, der Shah Rukh Khan zum Liebling der Nation machte.

Mit diesem Film etablierten sich Shah Rukh und seine talentierte Kollegin und Freundin Kajol als überzeugendes Leinwand-Liebespaar. Wie es den beiden gelang, im Film so natürlich zu wirken, erklärte Shah Rukh folgendermaßen: »Bei den Dreharbeiten zu *DDLJ* haben Kajol und ich großen Wert

Mit Salman Khan in Karan Arjun

darauf gelegt, nicht vor jeder neuen Einstellung zu proben. Wir fanden beide, dass zu viel Proben unsere Performance müde erscheinen lässt. Nachdem wir eine Szene durchgesprochen hatten, legten wir einfach los und spielten.«

Nach *DDLJ* schien es in Shah Rukhs Leben einen kompletten Richtungswechsel zu geben. In seinen nächsten Filmen sollte er ganz unterschiedliche Rollen spielen. Da war zum einen Subhash Ghais *Pardes*, in dem seine Figur sich trotz allem Kummer und Leid nicht unterkriegen lässt, und zum anderen

Mit Guddu-*Kollegin Manisha Koirala*

Mit Mahima Choudhary in Pardes

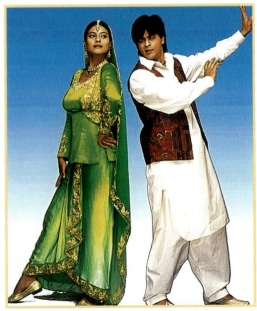
Mit Kajol in DDLJ

Mit Juhi Chawla in Yes Boss

Mit Karisma Kapoor und Madhuri Dixit in DTPH

Mit Kajol in Kuch Kuch Hota Hai

Yes Boss, in dem er sich als egozentrischer, aber gutherziger Kerl in eine hinreißende Frau verliebt, die sein Boss für sich beansprucht.

Ein weiterer Liebesfilm mit Shah Rukh Khan, der unvergessen bleiben wird, ist *Dil To Pagal Hai*. Bahnbrechend war vor allem die Art und Weise, wie eine Dreiecksbeziehung in der heutigen Zeit dargestellt wird

Im Jahr 1997 kam *DTPH* heraus. Zur selben Zeit drehte Rakesh Roshan, der vom Schauspieler- ins Regiefach gewechselt hatte, den Film *Koyla*, der sich aber als Flop erwies. Wenige Jahre später konnte Shah Rukh Khan jedoch einen weiteren großen Erfolg mit dem

Mit Madhuri Dixit in Koyla

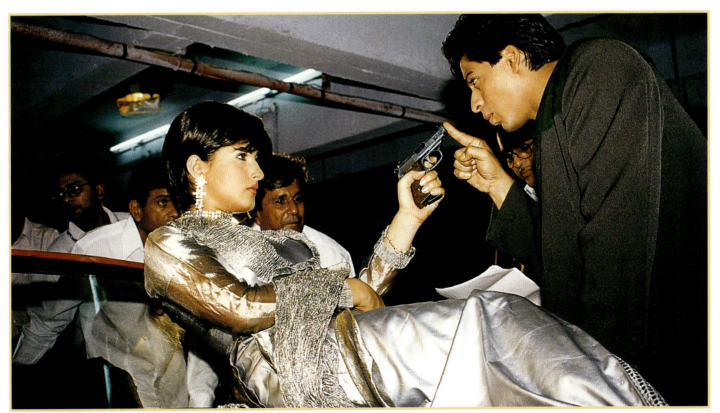
Mit Twinkle Khanna am Set von Baadshah

Mit Manisha Koirala in Dil Se

Liebesfilm *Kuch Kuch Hota Hai* verbuchen, mit dem Karan Johar sein Debüt gab. Wie *DDLJ* gehört auch *KKHH* zum populär-romantischen Genre – und die Rechnung ging auf. Mit diesem Film sicherte sich Shah Rukh Khan erneut seine Vormachtstellung als Star eines Kassenschlagers.

Andererseits hatte der Schauspieler auch zahlreiche Flops zu verzeichnen, von denen es manche nicht einmal verdienen, erwähnt zu werden. Man fragt sich ernsthaft, warum Shah Rukh Khan die jeweilige Rolle überhaupt angenommen hat. Ein paar Monate vor *KKHH* kam 1998 Mani Ratnams hochgejubelter Film *Dil Se* in die Kinos, ein

Mit Dhir Bhi Dil Hai Hindustani-*Kollegin Juhi Chawla*

ehrgeiziges Projekt, das sich jedoch als kompletter Reinfall entpuppte. Die Gaunerkomödie *Baadshah* (1999) von Abbas und Mastan war ein mittelmäßiger Erfolg, und kurz darauf sollte Shah Rukh Khan vor der größten Herausforderung seiner Schauspielkarriere stehen.

Die Zeit verging rasch, und schon bald kam der 14. Januar 2000. Was war so besonders an diesem Tag? Es war der Tag, an dem *Kaho Na Pyaar Hai* in die Kinos kam und Hrithik Roshan erstmals als neuer Publikumsliebling in Erscheinung trat. Shah Rukhs Film *Phir Bhi Dil Hai Hindustani*, der nur eine Woche später Premiere hatte, war ein Flop, und *Josh*, der wenige Monate später folgte, war auch kein Gewinn für den Schauspieler.

Ende des Jahres 2000 trumpfte er jedoch mit *Mohabbatein* auf, einem Film von Aditya Chopra, in dem er sich mit niemand Geringerem als Amitabh Bachchan messen musste. Die beiden taten sich erneut für Karan Johars *Kabhi Khushi Kabhie Gham* zusammen, der immer als der Film in Erinnerung bleiben wird, mit dem Shah Rukh Khan einen strategischen Sieg über Hrithik Roshan erringen konnte.

KKKG muss ungeheuer befriedigend für den Schauspieler gewesen sein, Furore machte Shah Rukh Khan als Solo-Held aber erst zwei Jahre später: Am 12. Juli 2002 kam nach zahlreichen Produktionsschwierigkeiten Sanjay Leela Bhansalis Meisterwerk

»Ich bin nicht größenwahnsinnig. Selbst ich finde es langweilig, eine ganze Website mit Trivialitäten über mich zu lesen. Niemand interessiert sich für eine One-Man-Show, es sei denn, es handelt sich um Amitabh Bachchan.«

Mit Amitabh Bachchan in KKKG

Mit Rani Mukherjee in Chalte Chalte

Shah Rukh in Devdas

»Für mich ist Devdas das Ende aller Liebesgeschichten. Ich habe einen besessenen Geliebten gespielt, einen netten, einen zornigen und einen romantischen Geliebten. Und jetzt habe ich Devdas gespielt. Für jemanden, der Liebesgeschichten nicht einmal mag, habe ich ziemlich viele Liebhaber gespielt. Ehrlich gesagt würde ich mir keinen meiner eigenen Liebesfilme ansehen.«

Mit Rani Mukherjee in Paheli

Mit Preity Zinta in Kal Ho Na Ho

Devdas in die Kinos. Der Film basiert auf dem Roman des bengalischen Schriftstellers Sarat Chandra Chatterjee, der bereits mit seiner ersten Verfilmung unter der Regie von Bimal Roy dem legendären Dilip Kumar zu ewigem Ruhm verhalf. Nun trat Shah Rukh Khan mit der Neuverfilmung in dessen Fußstapfen.

Devdas ermöglichte es Shah Rukh, einmal in die Rolle eines ganz anders gearteten Liebhabers zu schlüpfen. Mit der Eigenproduktion *Chalte Chalte* kehrte er jedoch ins gewohnte Fach zurück und spielte einen Lover, wie man ihn aus einigen seiner früheren Filme kennt.

Als das Jahr 2003 zu Ende ging, erwartete man bereits gespannt den Film *Kal Ho*

Mit Preity Zinta in Veer-Zaara

Swades

Naa Ho von Nikhil Advani, mit dem Karan Johar zum ersten Mal als Produzent in Erscheinung trat. Diesmal enttäuschte Shah Rukh Khan seine Fans nicht, und der Film wurde ein großer Kassenschlager.

Zu diesem Zeitpunkt hatte die Beliebtheit des Schauspielers einen neuen Höchststand erreicht, und die nachfolgenden Filme wie Farah Khans *Main Hoon Na* und Yash Chopras *Veer-Zaara* bestätigten dies noch einmal. Die Enttäuschung folgte jedoch auf dem Fuß, als der Film *Swades* von Ashutosh Gowariker (der mit *Lagaan* berühmt wurde) keine Wunder an den Kinokassen vollbrachte. Von den Kritikern wurde der Schauspieler für diesen Film jedoch gelobt wie nie zuvor.

In *Kaal* (2005) hatte Shah Rukh Khan einen Kurzauftritt und stahl mit nur einer Gesangs- und Tanzeinlage gemeinsam mit Malaika Arora allen anderen die Schau. Seine Eigenproduktion *Paheli*, bei der Amol Palekar Regie führte, erregte dagegen nur wenig Aufsehen, und auch das Jahr 2006 begann nicht allzu erfolgreich: Der mit Spannung erwartete Film *Kabhi Alvida Na Kehna* von Karan Johar ging sang- und klanglos unter. Shah Rukh Khan hofft, dass es ihm gelingt, mit Farhan Akhtars *Don* das Ruder herumzureißen. Es war eine große Herausforderung für den Schauspieler, eine Rolle zu spielen, mit der bereits niemand Geringerer als Amitabh Bachchan in die Filmgeschichte einging.

Mit Zayed Khan in Main Hoon Na

Mit Preity Zinta in Kabhi Alvida Na Kehna

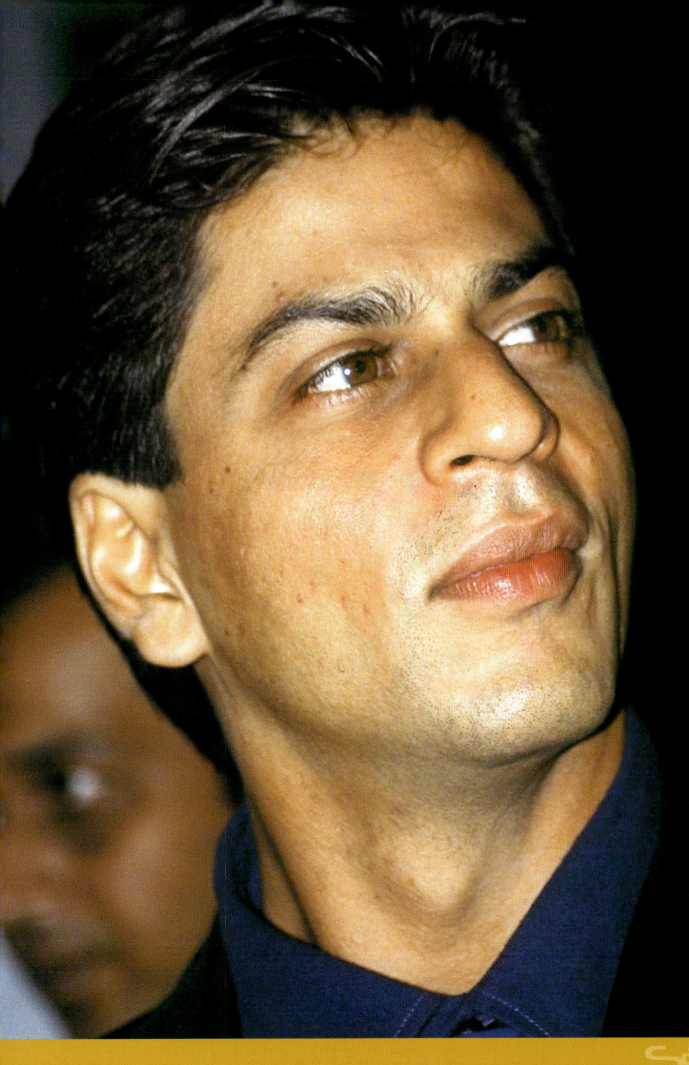

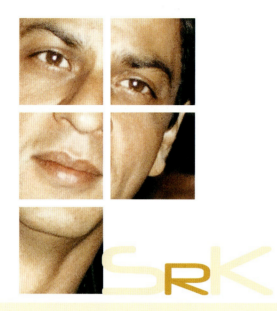

SRK

Höhenflüge und Stolpersteine

»Kürzlich bat mich ein Schauspieler, ihm das schnelle Sprechen beizubringen. Wurde ich nicht früher häufig dafür kritisiert, dass ich zu schnell spreche? Und jetzt machen es alle genauso wie ich.«

Manchmal lassen sich Vergleiche nicht vermeiden. Zum Beispiel, wenn man Shah Rukhs Karriere in Zusammenhang mit den Erfolgen anderer Bollywood-Größen betrachtet. Allen voran ist natürlich Amitabh Bachchan zu nennen, der in der Zeit, als er noch der alleinige Herrscher über die Kinoleinwand war und ihm hinsichtlich des finanziellen Erfolgs niemand das Wasser reichen konnte, stets den Rebellen verkörperte.

Ganz zu Beginn seiner Filmkarriere spielte Shah Rukh Khan in Filmen wie Aziz Miras *Raju Ban Gaya Gentleman* und Kundan Shahs *Kabhi Haan Kabhi Naa*. Beide waren gut gemacht, besonders letztgenannter, und Shah Rukh Khan erregte landesweit als intelligenter Schauspieler Aufsehen. Im Jahr 1993 kam Ketan Mehtas *Maya Memsaab* heraus, und auch dies war kein Film, wie man

Mit Amitabh Bachchan

ihn von einem erfolgreichen Superstar erwartet. Ketan Mehtas *Oh Darling! Yeh Hai India* (1995) war dagegen eine absolute Katastrophe, aber Shah Rukh hatte sich bereiterklärt, dieses Wagnis einzugehen, auch wenn sich seine Entscheidung im Nachhinein als großer Fehler erwies.

Später, im Jahr 2000, übernahm er eine kleine Rolle in *Gaja Gamini*. In diesem Film, den der bekannte indische Maler Maqbool Fida Husain machte, steht eine Figur im Mittelpunkt, die von Madhuri Dixit gespielt wurde, die lange Zeit seine berühmte Muse war. Aber Shah Rukh Khan bewies auch in dieser kleinen Rolle höchste Professionalität –

»Es ist ja nicht so, dass Steven Spielberg mit einem Drehbuch auf mich wartet. Ich glaube nicht, dass mir jemals ein großer internationaler Film angeboten wird, also bleibe ich lieber hier ein König. Außerdem ist das indische Kino das größte der Welt. Nachdem ich jedoch drei Monate in Los Angeles, London und New York verbracht hatte, stellte ich fest, dass unsere Filme ein wenig überzogen sind. Um im Westen Erfolg zu haben, müssen wir uns an deren Niveau anpassen, ohne unsere Identität, unsere Kultur und unser Liedgut aufzugeben. Ich will gar nicht in einem Hollywoodfilm spielen, sondern lieber selbst einen Film machen, der überall ankommt.«

eine Einstellung, die unter den Bollywood-Superstars nicht allzu verbreitet ist. Zu Beginn des Jahres 2000 kam *Hey! Ram* in die Kinos, den der aus Südindien stammende Schauspieler Kamal Hassan gemacht hat.

Wann immer Shah Rukh Khan mit von der Partie ist, sind romantische, herzerwärmende Szenen unvermeidlich, aber das tut der Tatsache keinen Abbruch, dass der Schauspieler ein abenteuerlustiger Entdecker bleibt und immer wieder neue Wege geht. Vielleicht war dies auch der Grund für den Aufbau der Produktionsfirma *Dreamz Unlimited*, zu deren Gründung Shah Rukh sich mit seinen alten Freunden Aziz Mirza und Juhi Chawla zusammentat, die seine Karriere in Bollywood von Anfang an begleiteten. Die erste Produktion dieser Firma war *Phir Bhi Dil Hai Hindustani*, ein Unterhaltungsfilm mit sozialer Botschaft.

Dass dieser Film ein Misserfolg war, machte Shah Rukh Khan nur noch mutiger, wie die Wahl seines nächsten Stoffes zeigte. Er ging ein noch größeres Risiko ein und produzierte *Asoka*, einen historischen Film über das Leben des legendären Königs Asoka, in dem er selbst die Hauptrolle spielt.

Seine dritte Eigenproduktion war *Chalte Chalte*, ein erfolgversprechender Film in dem Sinn, dass es sich um eine einfach erzählte Liebesgeschichte handelte: eine große Stärke von Aziz Mirza, der hier Regie führte.

Chalte Chalte

Kabhi Haan Kabi Naa

Maya Memsaab

Asoka

Er ist wahrhaftig ein interessanter Mensch, aber sagten wir nicht gleich zu Beginn, dass Shah Rukh Khan ein Mann mit großer Experimentierfreude ist? Die Produktion von *Chalte Chalte* war vielleicht eine wirtschaftlich begründete Entscheidung, eine sichere Sache, wenn man so will, aber Shah Rukh Khan bricht auch immer wieder zu neuen Ufern auf, wie es von einem guten Künstler verlangt wird. Dies zeigte sich erneut, als er das Risiko einging, den unkonventionellen Film *Paheli* zu machen. In einer kreativen Branche wie Bollywood sind solche Wandervögel höchst willkommen.

»Vielleicht beten die Leute nicht für mich, wie sie es für Sachin Tendulkar tun, aber ich weiß, dass auch ich gut im Rennen liege.«

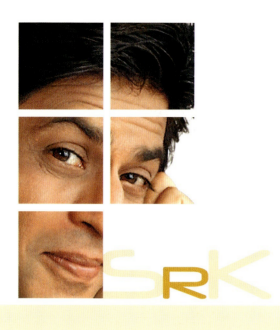

SRK König der Werbung

»Ich arbeite wie ein Kleinhändler. Ich verkaufe eine Dienstleistung, nehme mein Geld und trage es auf die Bank.«

Hat man Filmstars je auf Hochzeiten tanzen und in spektakulären Bühnenshows auftreten sehen, bevor Shah Rukh Khan in dieser Hinsicht zum Phänomen und zugleich zum Trendsetter wurde? Nicht sehr oft. Shah Rukh, den man häufig auf solchen Veranstaltungen bewundern kann, die rein gar nichts mit Filmen zu tun haben, sondern nur mit seiner Popularität, hat nie geleugnet, dass er des Geldes wegen in solchen Shows auftritt und so ein Großteil seines Vermögens gemacht hat. Das wurde ihm häufig vorgeworfen, obwohl es ganz und gar unverständlich ist, warum er als Einziger wegen solcher Auftritte in die Kritik geriet.

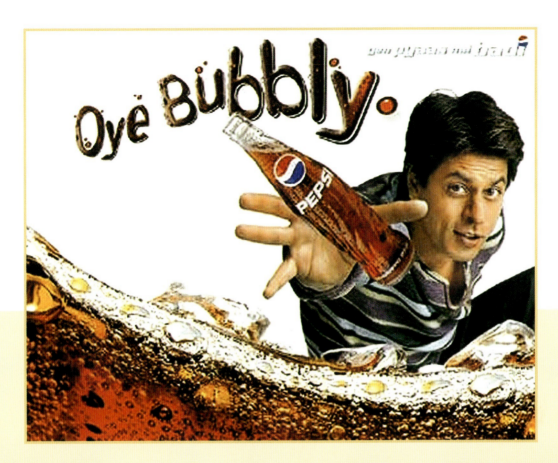
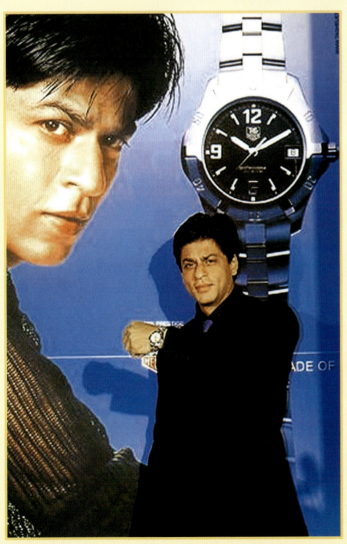

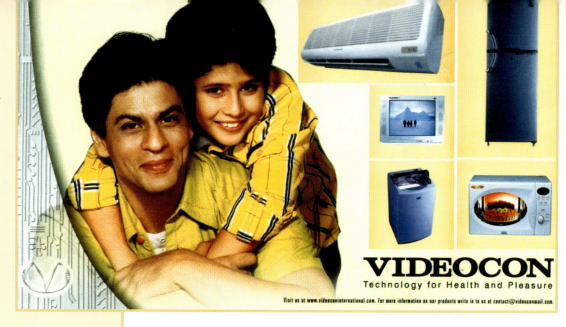

»Sex ist nicht erforderlich, damit sich meine Filme verkaufen. Mein Name genügt.«

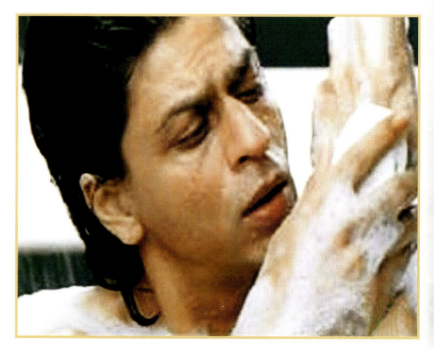

Es stimmt schon, dass er praktisch in jeder Show zu sehen war, bevor ihn seine Rückenprobleme ein wenig bremsten. Aber diese Auftritte sind auf zwei Faktoren zurückzuführen. Erstens: Shah Rukhs Beliebtheit ist generationsübergreifend, was man nicht über viele Schauspieler sagen kann. Eine plausible These, wenn man bedenkt, dass heutzutage nicht nur Aamir und Salman zu seinen potenziellen Konkurrenten zählen, sondern auch Leute, die wie Vivek Oberoi viel jünger als er sind. Zweitens: Er schämt sich nicht für seine Auftritte und hat ganz offen gesagt, dass er sie des Geldes wegen macht – im Gegensatz zu Aamir Khan beispielsweise, der bei ähnlichen Veranstaltungen anzutreffen ist, aber nicht darüber spricht. Und so haben die Medien, die von jeher dazu neigen, sich einzelne Statements herauszupicken und sie nach Belieben zu zerlegen, Shah Rukh Khan zum Sündenbock gemacht.

»*Silber gewinnt man nicht, man verliert nur Gold.*«

Der Schauspieler, der davon träumt, eines Tages ein Hotel zu besitzen, hat auch viel Geld mit Werbung verdient. In der Tat ist es nicht falsch zu sagen, dass er vielleicht der erste Star ist, der seinen wahren Marktwert erkannte und im großen Stil auf Werbetour ging. Zusammen mit dem Cricket-Star Sachin Tendulkar, einem der besten Schlagmänner aller Zeiten, bildete er in einer Werbekampagne für *Pepsi* ein unvergessliches Duo. Im Fernsehen war zu sehen, wie er in einem *Hyundai Santro* umherbrauste und für seine Uhr der Marke *Tag Heuer* warb. Er hat seine Kleidung in einer *Videocon*-Waschmaschine gewaschen, Bankgeschäfte bei *ICICI* gemacht, *Sunfeast*-Kekse gegessen und über *Airtel* telefoniert. Er hat sogar schon in *Lux* gebadet. Kurz gesagt, Shah Rukh Khan hat es viel besser als jeder andere verstanden, aus seinem

»Wenn ich mich umschaue, stelle ich fest, dass sich Schauspieler mit so wenig zufriedengeben. Alles, was sie vom Leben erwarten, ist ein Mercedes oder ein großes Haus.«

»Ich glaube ernsthaft, dass mir kein anderer Schauspieler das Wasser reichen kann.«

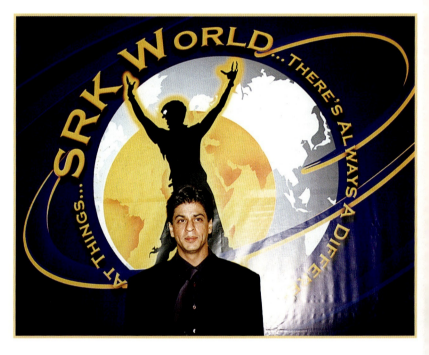

Marktwert Kapital zu schlagen – wenn man einmal von Amitabh Bachchan absieht, der nach seinem TV-Comeback alle anderen in den Schatten stellte.

Mit dem Vermögen, das er angehäuft hat, konnte Shah Rukh Khan die Prachtvilla *Mannat* kaufen, ein absolutes Traumhaus. Außerdem hat er eine Produktionsfirma aufgebaut, die nach dem Erfolg mit *Chalte Chalte* im Jahr 2003 gut im Geschäft ist. Aus seinem Dotcom-Traumprojekt *srkworld.com* ist nichts geworden, aber möglicherweise war Shah Rukh Khan wie viele andere gleichgesinnte Abenteurer einfach seiner Zeit voraus.

»Ich bin wie ein Rolls-Royce, der ohne Motor fährt und allein von seinem guten Ruf angetrieben wird.«

SRK
Leidenschaft – das Geheimnis seines Erfolgs

»Ich lebe in einer künstlichen Welt. Ich bin von zu viel Schauspielerei umgeben. Ich weiß, dass ich alldem nicht auf den Leim gehen darf. Ich komme mir komisch vor, wenn ich mich wie ein Star verhalte. Es ist albern, eine Sonnenbrille aufzusetzen, wenn man doch sein Leben lang darauf hingearbeitet hat, berühmt zu werden.«

Shah Rukh Khan ist nicht der Typ, der sich auf seinen Lorbeeren ausruht – er wird weiterhin von dem Wunsch angetrieben, mit jedem Tag größer zu werden. Verständlich, denn auf dem Gipfel des Ruhms ist nicht viel Platz, und es wäre dumm zu glauben, es gäbe keine Konkurrenten, die bereits in den Startlöchern sitzen und danach trachten, sich des heiß begehrten Thrones zu bemächtigen. Die unerschöpfliche Energie des Schauspielers, der sich seiner Konkurrenz völlig bewusst ist, zeigte sich wieder einmal während der Produktion von *Main Hoon Na*, bei dem die bekannte Choreographin Farah Khan Regie führte, mit der Shah Rukh eng befreundet ist.

Mit der Choreographin Farah Khan, einer engen Freundin

Auch Jahre nach seinem Einstieg in die Filmbranche ist Shah Rukh Khan immer noch ein Vorbild für andere, was die Arbeit am Set angeht. »Es ist absolut faszinierend, ihm bei der Arbeit zuzusehen«, sagt Sushmita Sen. »Als wir *Main Hoon Na* drehten, hatte er Probleme mit dem Rücken und wollte trotzdem alles selbst machen. Das war kurz vor seiner Operation, und uns war allen klar, dass er sich bis zum Äußersten forderte. Das Unglaubliche daran war, dass er es mit seinem Eifer hätte leicht übertreiben und seinem Rücken dauerhaften Schaden zufügen können. Wir haben alle gesehen, dass er trotz großer Schmerzen in jeder Szene 150 Prozent gab.«

Die Energie des Schauspielers beeindruckt die gesamte Branche. »Er ist der älteste Teenager, dem ich je begegnet bin«, sagt Zayed Khan, der mit Shah Rukh in *Main Hoon Na* spielte.

»*Ich sitze nicht herum und jammere über den Mangel an guten Rollen. Ich kann Raj noch 85-mal spielen, und zwar jedes Mal anders.*«

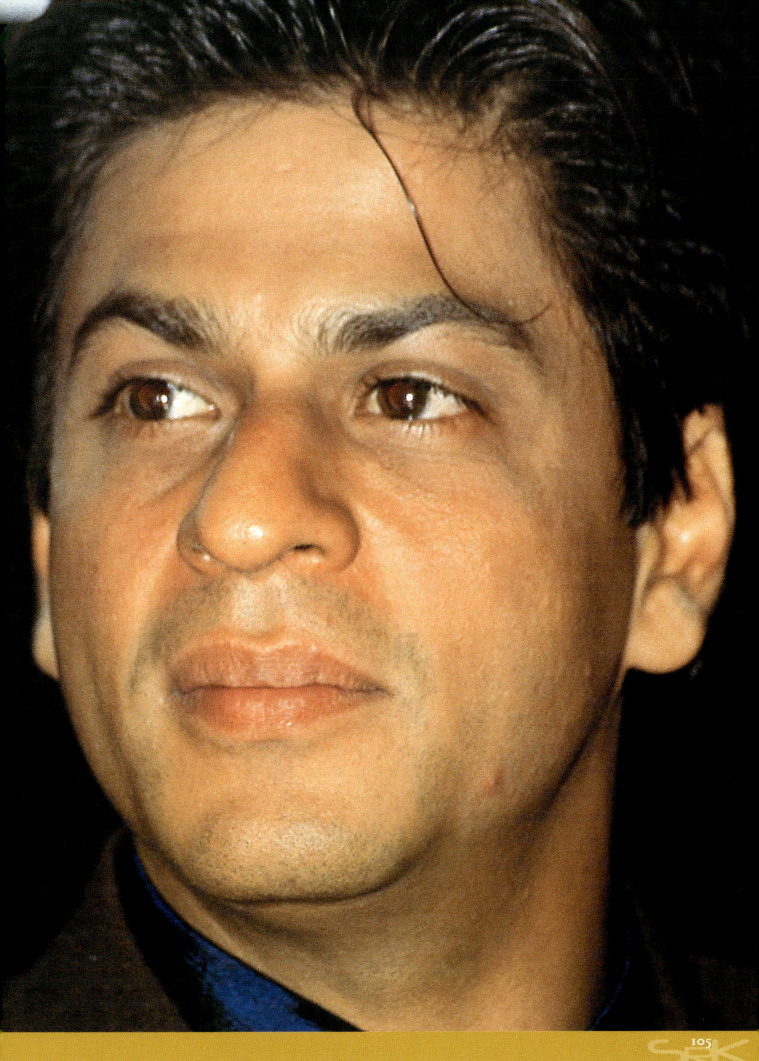

»Er ist der älteste Teenager, den ich kenne.«
– Zayed Khan

»Am Set war er ganz Produzent und Schauspieler, aber sobald Farah die Zauberworte ›Feierabend! Einpacken!‹ rief, rasten wir ins Hotel, um mit unserer *PlayStation* zu spielen. Wir haben stundenlang *FIFA 2003* oder so etwas gespielt und uns dabei wüst beschimpft. Er ist wirklich ziemlich cool.«

Er ist ein Vorbild – so lässt sich der Mann vielleicht am treffendsten charakterisieren, der im indischen Filmgeschäft ganz allmählich zu einer Institution wurde. Gegenwärtig ist er nicht nur einer der größten Stars Indiens, er macht sich auch sehr gut als

Mit Zayed Khan

Produzent. Trotz der vielen Arbeit und seiner zahlreichen Verpflichtungen ist er jedoch – und das macht ihn einzigartig – ein richtiger Familienmensch geblieben, dem der Spagat zwischen Beruf und Privatleben bemerkenswert gut gelingt. Zügiges Arbeiten sei charakteristisch für alle erfolgreichen Geschäftsleute, hat der englische Schriftsteller Roald Dahl einmal geschrieben. Genau das kann Shah Rukh Kahn, und dadurch gelingt es ihm, an beiden Fronten zu kämpfen, die völlig unterschiedliche Anforderungen an einen Menschen stellen.

Im Showgeschäft sind menschliche Beziehungen höchst instabil. In dieser Hinsicht bildet Shah Rukh Khan ebenfalls eine Ausnahme, denn er führt mit Gauri nach vielen gemeinsamen Jahren immer noch eine glückliche Ehe. In einer Branche, in der sogar Aamir Khans Ehe nach einer langen Zeit des Zusammenlebens zerbrach,

 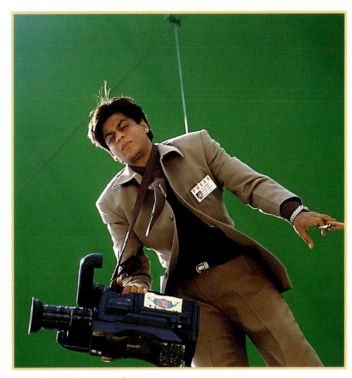

Shah Rukh bei den Dreharbeiten zu Phir Bhi Dil Hai Hindustani

Mit seiner Frau Gauri

dienen Gauri und Shah Rukh für andere verheiratete Paare Bollywoods als Vorbilder. Kurz gesagt: Shah Rukh hat in keinem Lebensbereich etwas falsch gemacht. – Gibt es so etwas überhaupt?, möchte man fragen. Sagen wir einfach, er ist ein Leistungsmensch, der das Leben angeht, wie er es für richtig hält – und der so erfolgreich ist wie kaum ein anderer.

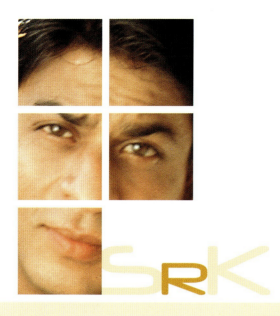

SRK
Auf dem Weg zur Unsterblichkeit

»Das Wort ›Gott‹ ist wie ›irre‹ oder ›fantastisch‹ zu einem Allgemeinplatz geworden. Es ist peinlich ... Wenn die Leute mich als Gott bezeichnen, sage ich: Nein, ich bin in Sachen Schauspielkunst immer noch ein Engel oder ein Heiliger. Ich habe noch einen weiten Weg vor mir.«

Wie die Zeit vergeht! Kommt es einem nicht vor, als sei es erst gestern gewesen, dass ein hagerer Bursche mit einer kleinen Rolle in *Deewana* großen Eindruck machte? Für diejenigen, die Shah Rukhs Karriere von Anfang an verfolgt haben, scheint es sich wirklich so darzustellen. Aber in dieser kurzen Zeitspanne ist es Shah Rukh gelungen, sein Image mehrfach zu wechseln und Leistungen zu liefern, durch die sich seine Fangemeinde stetig vergrößert hat.

Es gibt aber auch kritische Stimmen: Leute, die der Ansicht sind, er sei sehr beschränkt in seinen Ausdrucksmöglichkeiten und spiele immer nur sich selbst. Doch es lässt sich nicht leugnen, dass Shah Rukh inzwischen eine große Vielfalt an Rollen vorzuweisen hat. Von dem Zeitpunkt an, als er in *Kabhi Haan Kabhi Naa* einen Unruhestifter spielte, der sein Studium nicht ernst nimmt und seine Angebetete mit einem Lächeln im Gesicht verliert, galt er hinsichtlich der Wahl seiner Rollen als ungewöhnlich. Seine Leistungen als Gegenspieler in *Baazigar* und *Darr* haben ihn zwar erstaun-

Szene mit Preity Zinta, Arjun Rampal und Prianka Chopra

lich schnell an die Spitze gebracht, aber als er diese Position einmal erreicht hatte, setzte er im Gegensatz zu zahlreichen anderen auf Vielseitigkeit und Abwechslung.

In Aditya Chopras *Dilwale Dulhaniya Le Jayenge* spielte er zum ersten Mal den Lover, und dass er in solchen Rollen zu überzeugen versteht, bewies er nachdrücklich in Karan Johars *Kuch Kuch*

Hota Hai, der drei Jahre später in die Kinos kam. Zwischen diesen beiden Filmen entstand *Dil To Pagal Hai*, ein weiterer großer Erfolg, der in kommerziellem Format auf eine neue gesellschaftliche Realität in den Städten Indiens hinwies. Mädchen und Jungen bestimmen ihre berufliche Laufbahn selbst und führen ein eigenständiges Leben, in das sich die Familien gar nicht oder nur wenig einmischen.

In Filmen mit mehreren Hauptdarstellern schlug Shah Rukh sich ebenso gut. Er wusste in *Karan Arjun* zu beeindrucken und konnte auch in *Mohabbatein* gegen das unglaubliche schauspielerische Talent von Amitabh Bachchan bestehen. In *Kabhi Khushi Kabhie Gham*, dem Film mit dem allergrößten Staraufgebot, war seine Leistung die überzeugendste. In *Devdas* konnte er zwar eindeutig nicht an Dilip Kumars unvergessliche Performance in der berühmtesten Verfilmung des Romans heranreichen, zeichnete sich aber durch seine Bereitschaft aus, sich bis zum Äußersten zu fordern und über sich selbst hinauszuwachsen, um als Künstler Anerkennung zu finden.

Obwohl seine Kinoerfolge sehr zahlreich sind, machte sich Shah Rukh Khan auch als reiner Entertainer in seinen aufwändigen Bühnenshows einen Namen. Sie werden vermutlich künftig in den Hintergrund treten, weil er sich wegen ständiger Schmerzen einer Operation im Wellington-Hospital in London unterziehen musste, und zukünftig kürzertreten muss. Wie Shah Rukh einräumte, litt er an postoperativen Schmerzen in der

Mit Saif Ali Khan gemeinsam im Rampenlicht

Schulter, in die ihm die Chirurgen eine Titanplatte eingesetzt hatten.

Nach dieser Erklärung befürchteten Shah Rukh Khans Fans das Schlimmste. Es ist eine gute Nachricht für sie, dass die Sache keine dauerhaften Konsequenzen nach sich zieht, denn sie würden ihren Star gern wieder in Aktion sehen. Sie wollen nicht nur, dass er in möglichst vielen Filmen spielt,

sie möchten sich auch wieder an seinen Bühnenshows erfreuen.

Dass Vinod Chopra nicht darauf wartete, bis er sich von einer OP erholt hat, sondern *Munnabhai MBBS* lieber mit Sunjay Dutt drehte, muss Shah Rukh nicht belasten. Er hat viel mehr erreicht, als jeder andere Schauspieler seiner Generation aus dem Bereich des Populärfilms.

Diesen Erfolg bestätigt auch, dass Shah Rukh nach Amitabh Bachchan – mit sechzig Jahren immer noch Bollywoods Liebling – am häufigsten in Fernseh-Werbespots zu sehen ist. Wie wird Shah Rukhs Karriere weitergehen, nachdem er in so kurzer Zeit so viel erreicht hat? Wir ahnen bereits, dass er nicht tatenlos dasitzen und den Dingen ihren Lauf lassen wird. Getrieben von Rastlosigkeit (sehr gut!) und ständig auf der Suche nach etwas Neuem (noch besser!), wird er künftig garantiert Verträge für Filme unterschreiben, die ihn vor neue kreative Herausforderungen stellen.

Nachdem er bereits auf dem Höhepunkt seiner Superstarkarriere angelangt und zu mehr Geld und Ruhm gekommen ist, als er sich je erträumt hat, befindet er sich nun in relativ jungen Jahren in der beneidenswerten Position, der Welt absolut nichts mehr beweisen zu müssen. Es gibt nur einen, dem er über seine künstlerische Entwicklung Rechenschaft schuldig ist – sich selbst!

Genau aus diesem Grund ist Shah Rukh Khan der größte Star Indiens.

Shah Rukh bezaubert mit Preity Zinta das Publikum

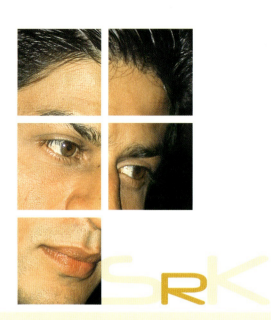

SrK

»Wenn ich das Recht habe, Sie in einem dunklen Saal drei Stunden lang zum Weinen zu bringen, dann haben Sie das Recht, mir jede erdenkliche Frage zu stellen.«

Die Filme

Deewana
(1992)
Rolle: *Raja Sahay*
Co-Stars:
Rishi Kapoor,
Divya Bharati

Chamatkar
(1992)
Rolle: *Sunder Srivastav*
Co-Stars:
Naseerudin Shah,
Urmila Matondkar

Raju Ban
Gaya
Gentleman
(1992)
Rolle: *Raju*
Co-Stars:
Juhi Chawla,
Amrita Singh

Dil Aashna
Hai
(1992)
Rolle: *Karan*
Co-Stars:
Jeetendar, Mithun,
Dimple Kapadia,
Divya Bharati

Pehla Nasha
(1993)
Nebenrolle
als er selbst
Co-Stars:
Deepak Tijori,
Raveena Tandon,
Pooja Bhatt

Mit den Baazigar-Kolleginnen Shilpa Shetty und Kajol

Mit Lieblingskollegin Kajol bei einer Veranstaltung

Maya Memsaab
(1993)
Rolle: *Lalit*
Co-Stars:
Deepa Sahi,
Farooque Sheikh

Baazigar
(1993)
Rolle: *Ajay Sharma/
Vicky Malhotra*
Co-Stars:
Kajol, Shilpa Shetty

Darr
(1993)
Rolle: *Rahul Mehra*
Co-Stars:
Sunny Deol,
Juhi Chawla

King Uncle
(1993)
Rolle: *Anil Bansal*
Co-Stars:
Jackie Shroff,
Naghma

Kabhi Haan
Kabhi Naa
(1994)
Rolle: *Sunil*
Co-Stars:
Deepak Tijori,
Suchitra,
Krishnamoorthy

Anjaam
(1994)
Rolle: *Vijay Agnihotri*
Co-Stars:
Madhuri Dixit,
Deepak Tijori

Karan Arjun
(1995)
Rolle: *Karan Singh/ Ajay*
Co-Stars:
Salman Khan,
Kajol,
Mamta Kulkarni

Szenenfotos aus Karan Arjun

Zamana Deewana (1995)
Rolle: *Rahul Malhotra*
Co-Stars: Raveena Tandon, Jeetendar

Guddu (1995)
Rolle: *Guddu Bahadur*
Co-Stars: Manisha Koirala, Deepti Naval

Szenenfotos aus Zamana Deewana

Oh Darling!
Yeh Hai India
(1995)
Co-Stars:
Deepa Sahi,
Anupam Kher

Dilwale
Dulhaniya Le
Jayenge
(1995)
Rolle: *Raj Malhotra*
Co-Stars:
Kajol,
Anupam Kher,
Amrish Puri

Ram Jaane
(1995)
Rolle: *Ram*
Co-Stars:
Juhi Chawla

Szenenfotos aus Dilwale Dulhaniya Le Jayenge

Trimurti
(1995)
Rolle: *Romi Singh/ Bholey*
Co-Stars:
Jackie Shroff,
Anil Kapoor,
Anjali Jathar

Dushman Duniya Ka
(1996)
Nebenrolle
Co-Stars:
Jeetendra,
Raza Murad,
Farida Jalal,
Johny Lever

Szenenfotos aus Trimurti

Army
(1996)
Rolle: *Arjun*
Co-Stars:
Sridevi,
Danny Denzongpa

Chaahat
(1996)
Rolle: *Roop Rathore*
Co-Stars:
Naseeruddin Shah,
Pooja Bhatt,
Ramya

English Babu
Desi Mem
(1996)
Rolle: *Vikram/Hari/Gopal Mayur*
Co-Stars:
Sonali Bendre

Gudgudee
(1997)
Nebenrolle
Co-Stars:
Anupam Kher, Pratibha Sinha,
Jugal Hansraj

Das Chaahat-*Team*

Koyla
(1997)
Rolle: *Shankar*
Co-Stars:
Madhuri Dixit,
Amrish Puri

Yes Boss
(1997)
Rolle: *Rahul*
Co-Stars:
Aditya Pancholi,
Juhi Chawla

Szenenfotos aus Koyla

Mit Army-Kollegin Sridevi

Pardes
(1997)
Rolle: *Arjun Sagar*
Co-Stars:
Amrish Puri,
Mahima Chaudhary,
Apoorva Agnihotri

Das Pardes-*Team*

Dil To
Pagal Hai
(1997)
Rolle: *Rahul*
Co-Stars:
Karisma Kapoor,
Madhuri Dixit,
Akshay Kumar

Dil To Pagal Hai

Duplicate
(1998)
Rolle: *Bablu Chaudhary/Manu Dada*
Co-Stars:
Juhi Chawla, Sonali Bendre, Farida Jalal

Achanak
(1998)
Nebenrolle
Co-Stars:
Govinda, Manisha Koirala

Shah Rukh in Duplicate

Dil Se
(1998)
Rolle: *Amarkanth Varma*
Co-Stars:
Manisha Koirala, Preity Zinta

Kuch Kuch
Hota Hai
(1998)
Rolle: *Rahul Khanna*
Co-Stars:
Kajol,
Rani Mukherjee

Baadshah
(1998)
Rolle: *Raj/Baadshah*
Co-Stars:
Twinkle Khanna,
Raakhee,
Johny Lever

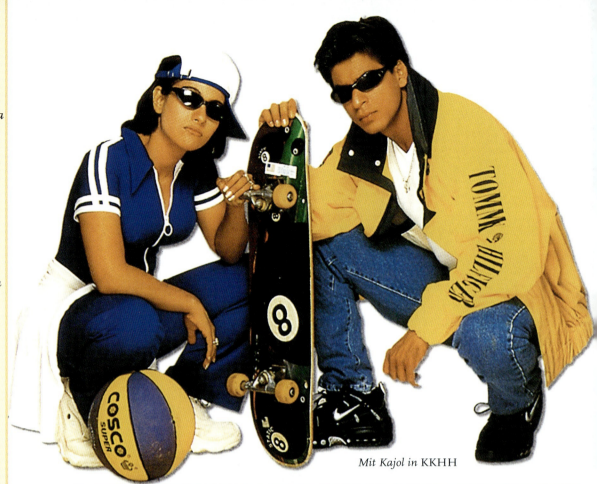

Mit Kajol in KKHH

Mit Twinkle Khanna in Baadshah

Mit Twinkle Khanna in Baadshah

Phir Bhi Dil Hai Hindustani (2000)
Rolle: *Ajay Bakshi*
Co-Stars:
Juhi Chawla, Paresh Rawal, Satish Shah, Dalip Tahil, Shakti Kapoor

Hey! Ram (2000)
Rolle: *Amjad Ali Khan*
Co-Stars:
Kamal Hassan, Rani Mukherjee

Mit Kollegin Juhi Chawla in Phir Bhi Dil Hai Hindustani

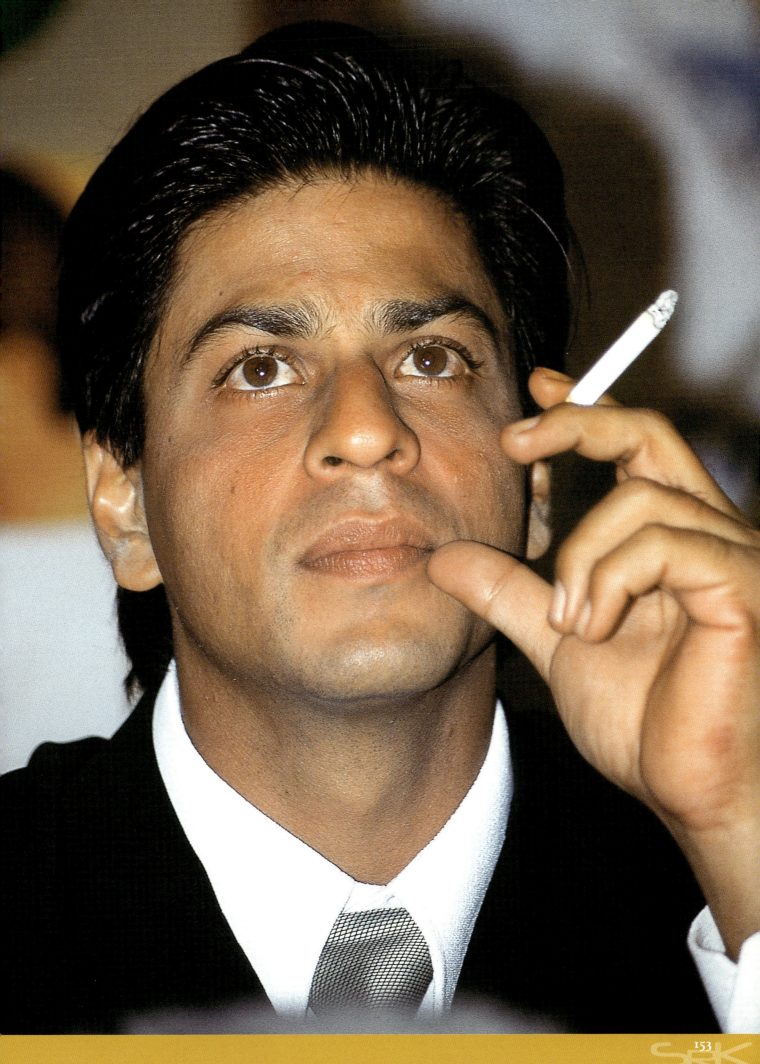

Josh
(2000)
Rolle: *Max*
Co-Stars:
Aishwarya Rai,
Chandrachur Singh,
Priya Gill,
Sharad Kapoor

Har Dil
Jo Pyaar
Karega
(2000)
Nebenrolle: *Rahul*
Co-Stars:
Salman Khan,
Preity Zinta,
Rani Mukherjee

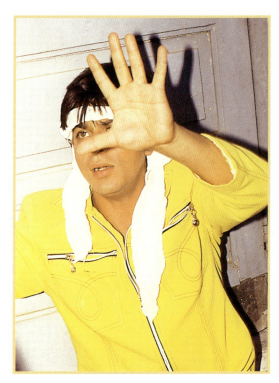

Mohabbatein
(2000)
Rolle: *Raj Aryan Malhotra*
Co-Stars:
Amitabh Bachchan,
Aishwarya Rai,
Uday Chopra,
Jugal Hansraj,
Jimmy Shergill,
Preeti Jhangiani,
Kim Sharma,
Shamita Shetty

Gaja Gamini
(2000)
Nebenrolle
Co-Stars:
Madhuri Dixit,
Shabana Azmi,
Naseeruddin Shah

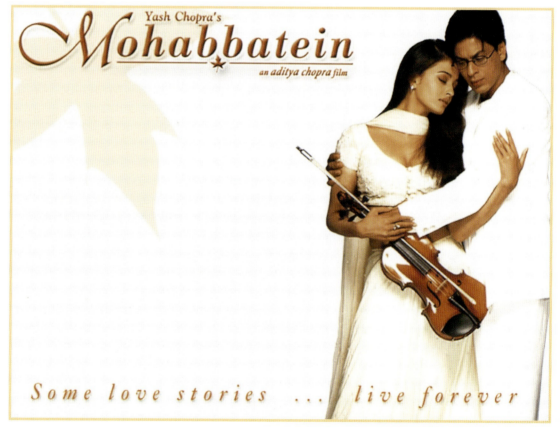

One Two Ka Four
(2001)
Rolle: *Arun Verma*
Co-Stars:
Juhi Chawla,
Jackie Shroff

Szenenfotos aus One Two Ka Four

Asoka
(2001)
Rolle: *Asoka*
Co-Stars:
Kareena Kapoor,
Danny Denzongpa,
Hrishitaa Bhatt

Szenenfotos aus Asoka

Kabhi Khusi Kabhie Gam (2001)
Rolle: *Rahul Raichand*
Co-Stars: Kajol, Amitabh Bachchan, Jaya Bachchan, Hrithik Roshan, Kareena Kapoor

Szenenfotos aus KKKG

Hum Tumhare Hain Sanam (2002)
Rolle: *Gopal*
Co-Stars: Salman Khan, Madhuri Dixit

Mit Salman Khan

Mit Madhuri Dixit und Dr. Nene

Devdas
(2002)
Rolle: *Devdas Mukherjee*
Co-Stars:
Madhuri Dixit, Aiswarya Rai, Jackie Shroff

Mit Aishwarya Rai und Madhuri Dixit in Devdas

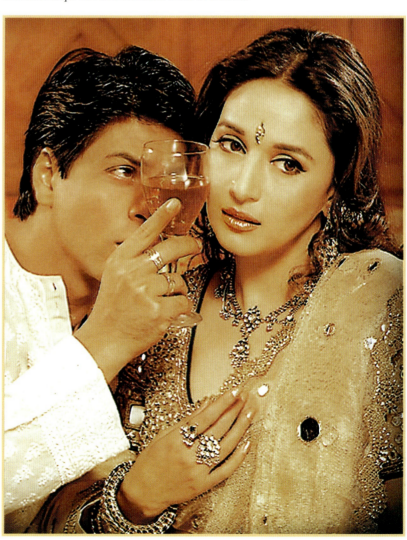

Shakti –
The Power
(2002)
Nebenrolle: *Jaisingh*
Co-Stars:
Nana Patekar,
Karisma Kapoor,
Sanjay Kapoor

Saathiya
(2002)
Nebenrolle
Co-Stars:
Vivek Oberoi,
Rani Mukherjee

Mit Karisma Kapoor in Shakti

Chalte Chalte
(2003)
Rolle: *Raj Mathur*
Co-Star:
Rani Mukherjee

Mit Rani Mukherjee in Chalte Chalte

Kal Ho
Naa Ho
(2003)
Rolle: *Aman Mathur*
Co-Stars:
Saif Ali Khan,
Preity Zinta

Yeh Lamhe
Judaai Ke
(2004)
Rolle: *Dushant*
Co-Stars:
Raveena Tandon,
Navneet Nishan,
Avtar Gill

Shah Rukh in Kal Ho Naa Ho

Main Hoon Na (2004)
Rolle: *Major Ram Prasad Sharma*
Co-Stars: Susmita Sen, Sunil Shetty, Zayed Khan, Amrita Rao

Szenenfotos aus Main Hoon Na

Veer-Zaara (2004)
Rolle: *Veer Pratap Singh*
Co-Stars: Preity Zinta, Rani Mukherjee, Kiron Kher, Amitabh Bachchan, Hema Malini

Szenenfotos aus Veer-Zaara

Swades
(2004)
Rolle: *Mohan Bhargava*
Co-Stars:
Gayatri Joshi,
Raja Awasthi

Kuch Meetha Ho Jaaye
(2005)
Nebenrolle als er selbst
Co-Stars:
Arshad Warsi,
Mahima Choudhari

Kaal
(2005)
Nebenrolle
Co-Stars:
Ajay Devgan,
Vivek Oberoi,
John Abraham,
Esha Deol,
Lara Dutta

In der Rolle eines NASA-Mitarbeiters in Swades

Silsiilay
(2005)
Rolle: *Sutradhar*
Co-Stars:
Tabu,
Bhoomika Chawla,
Riya Sen,
Celina Jaitley,
Divya Dutta,
Rahul Bose

Paheli
(2005)
Rolle: *Kishen*
Co-Stars:
Rani Mukherjee,
Anupam Kher,
Amitabh Bachchan,
Juhi Chawla,
Sunil Shetty

Alag
(2006)
Nebenrolle
Co-Stars:
Akshay Kapoor,
Diya Mirza,
Jayant Kripalani,
Mukesh Tiwari

Mit Rani Mukherjee und Amitabh Bachchan in Paheli

Paheli

Kabhi Alivda
Na Kehna
(2006)
Rolle: *Dev Saran*
Co-Stars:
Amitabh Bachchan,
Rani Mukherjee,
Preity Zinta,
Abhishek Bachchan

Don
(2006)
Rolle: Don/Vijay
Co-Stars:
Priyanka Chopra,
Arjun Rampal,
Isha Koppikar

In Vorbereitung:

Chak De India

Om Shanti Om

Shah Rukh spielt den Don

»Ich danke Gott für glückliche und traurige Zeiten .... Wenn man niemals traurig ist, erfährt man auch nicht, wie schön es ist, glücklich zu sein.«

Bibliografische Information Der Deutschen Nationalbibliothek
Die Deutsche Bibliothek verzeichnet diese Publikation in der
Deutschen Nationalbibliografie; detaillierte bibliografische Daten sind
im Internet über http://dnb.ddb.de abrufbar.

Originalausgabe:
The Phenomenon. India's Most Successful Movie Star.
Shah Rukh Khan
Erstveröffentlichung bei Magna Publishing Company Limited,
Magna House, Prabhadevi, Mumbai, Indien 2006

Deutschsprachige Ausgabe:
© 2007 vgs
verlegt durch EGMONT Verlagsgesellschaften mbH,
Gertrudenstraße 30–36, 50 667 Köln
Alle Rechte vorbehalten.

Printed in Germany
1. Auflage
Redaktion: Petra Flocke
Lektorat: Jutta Gay
Produktion: Angelika Rekowski
Umschlaggestaltung: Ines Kessler, Köln
Umschlagfoto und Fotos Innenteil:
mit freundlicher Genehmigung von Pradeep
Bandekar & Sanjit Sen
Druck und Verarbeitung: sachsendruck GmbH, Plauen
Satz: Greiner & Reichel, Köln
ISBN 978-3-8023-3622-9

www.vgs.de